Psicología Oscura

Las tácticas psicológicas utilizadas para la manipulación y el engaño

Tabla de contenidos

Introducción

El término «psicología oscura» a menudo evoca imágenes de asesinos en serie, centros psiquiátricos y actividades criminales. Sin embargo, la mayoría de la gente desconoce que este amplio término abarca desde simples tácticas de manipulación y tendencias autodestructivas hasta conductas delictivas.

Si busca la definición de «psicología oscura», lo más probable es que se encuentre con una definición similar a esta: el estudio de cómo las personas utilizan las tácticas persuasivas, el engaño y la manipulación para lograr objetivos determinados. Este campo de estudio ha sido criticado durante mucho tiempo. De hecho, hay mucha controversia en torno al uso de la psicología oscura, tanto con fines beneficiosos como malignos. Independientemente de su postura personal, no puede olvidar que esta práctica es una herramienta potente y útil para cualquier persona que la use.

En pocas palabras, la psicología oscura consiste en la capacidad de alguien para comprender las debilidades de los demás y utilizarlas en su propio beneficio. Los individuos manipuladores saben cómo explotar los pensamientos y emociones de una persona para obligarla a hacer lo que ellos quieran. Esto abarca desde prácticas cotidianas de mercadeo y publicidad hasta obligar a alguien a ser cómplice de un delito. La psicología oscura no siempre se utiliza con fines egoístas o dañinos. En algunos casos, también se emplea con fines positivos.

Organizaciones benéficas y sin ánimo de lucro utilizan la psicología oscura todo el tiempo para recaudar donaciones. Saben cómo apelar a las emociones y al lado sensible de las personas. Incluso pueden llegar a culpar a su público objetivo. Puede que le sorprenda saber que los terapeutas también utilizan métodos y técnicas de psicología oscura para ayudar a los pacientes a superar ansiedades, fobias, traumas y miedos. Incluso los agentes de policía recurren a estas tácticas para forzar confesiones de sospechosos y criminales acusados.

Si planea utilizar esta información para protegerse de ataques de la psicología oscura, puede beneficiarse enormemente de aprender todo sobre ella. Sin embargo, si planea utilizar las técnicas mencionadas en este libro, asegúrese de hacerlo con buenos propósitos.

En los siguientes capítulos, aprenderá todo sobre el arte de la manipulación y el control mental. También se encontrará con varios ejemplos de cómo la psicología oscura puede afectar a la vida diaria. Luego, conocerá las diferentes características de los manipuladores y los tipos de personalidades que suelen utilizar técnicas engañosas. Antes de adentrarse en las diversas técnicas de manipulación y persuasión y cómo utilizarlas, se explica por qué la gente utiliza la manipulación. A continuación, se enseña a identificar las señales que indican que alguien ha sido objeto de estas tácticas. También se tratan la psicología inversa y las estrategias de lavado de cerebro.

Lo mejor de este libro es que es fácil de leer y comprender, al tiempo que proporciona información valiosa y práctica. Las instrucciones prácticas le enseñan a identificar cuándo alguien le está haciendo *gaslighting* o le está haciendo sentir culpable. Sobre todo, descubrirá cómo protegerse de la manipulación y de sus efectos perjudiciales para salvaguardar su bienestar.

Así que, sin más preámbulos, ¡comencemos!

Capítulo 1: Explicación de la psicología oscura

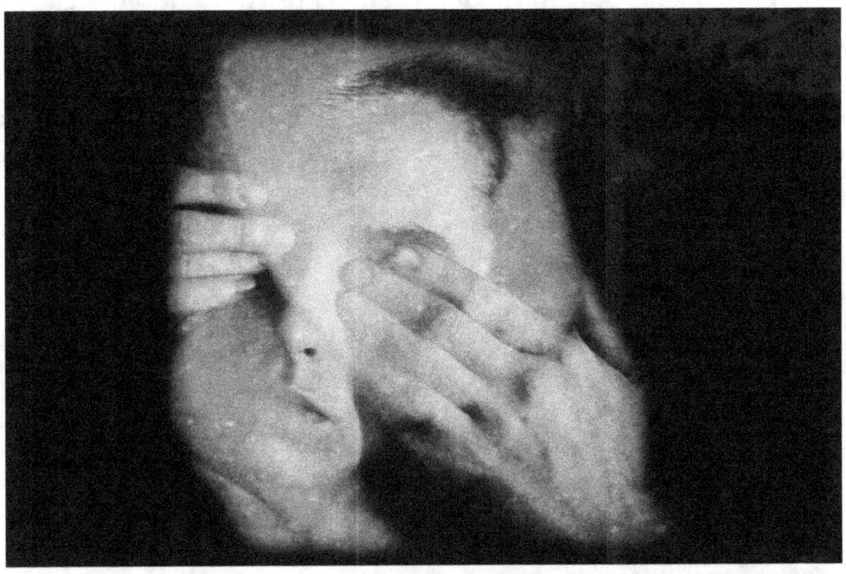

La psicología oscura trata la tendencia psicológica de explotar a los demás

La lucha entre el bien y el mal se da en la mente humana. Este aspecto genera mucho interés porque muchas personas se identifican con estos conflictos internos. La psicología oscura se ha hecho cada vez más popular, sobre todo a la luz de recientes investigaciones sobre la ciencia de la naturaleza humana, como las siguientes:

¿Qué impulsa los pensamientos, sentimientos y acciones?

¿Por qué algunas personas cometen crímenes horribles, mientras que otras viven practicando actos de altruismo y bondad?

¿Cómo entender el mundo que nos rodea?

Por suerte, algunas personas se plantean estas preguntas y responden a ellas. Se les conoce como psicólogos; psicólogos oscuros.

La psicología oscura trata de la tendencia psicológica de explotar la condición humana de los demás. La humanidad es susceptible de convertir en víctimas a los demás, lo cual forma parte de la naturaleza humana. Aunque la mayor parte de las personas controla o reprime estos instintos, algunos buscan beneficios de este hecho. En pocas palabras, la psicología oscura examina el comportamiento humano estudiando las emociones, las ideas y las situaciones que las desencadenan. Aunque en la mayoría de los casos (ventas, mercadeo) no hay victimización intencionada o científicamente justificada de los demás, un pequeño porcentaje del uso de la psicología oscura es brutal. No tiene otra intención que causar daño (personalidades antisociales).

La psicología oscura también se ocupa de comportamientos delictivos y otros tipos de desviaciones. Se utilizan herramientas analíticas para comprender el potencial «maligno» de los seres humanos. Dado que la mente humana es tan compleja, es difícil explicar comportamientos desviados de forma definitiva. En su lugar, la psicología oscura estudia el comportamiento humano en general.

En este primer capítulo, se define la psicología oscura y se ve por qué es importante comprenderla. Luego, se exploran algunos de los tipos de personalidad que la utilizan y se ofrecen ejemplos del mundo real para protegerse contra ella.

¿Qué es la psicología oscura?

La psicología oscura es la práctica de manipular las emociones de las personas para influenciar sus pensamientos y comportamientos. Estudia el lado oscuro del comportamiento humano y las motivaciones detrás de las acciones malignas. El campo de la psicología oscura es relativamente nuevo y surgió del interés por las desviaciones del comportamiento humano para explorar los aspectos de la psicología que tienen que ver con las intenciones malignas, como la codicia, el poder y el control. Es una rama interdisciplinar que combina diversas áreas de la psicología, la sociología, la neurociencia y la filosofía. Como es relativamente nueva, hay pocos expertos en este campo. Sin embargo, muchos psicólogos llevan años trabajando en este tema y han investigado diversos aspectos de la psicología oscura.

El estudio del comportamiento depredador es un esfuerzo colaborativo entre académicos y observadores sociales que estudian las percepciones, los pensamientos, los sentimientos y los sistemas de procesamiento del subconsciente. Esto se debe esencialmente a que se relaciona con la comprensión contemporánea del comportamiento humano. La psicología oscura sugiere que este tipo de comportamientos pueden ser intencionales y motivados por objetivos racionales, pero también afirma que parte de la psique humana es capaz de cometer atrocidades sin motivo.

El campo de la psicología oscura aún está en desarrollo e incluye desde el comportamiento autodestructivo hasta el criminal. Esta fascinante área de estudio nos proporciona mucha información sobre nosotros mismos. Incluye estudios sobre cómo las personas utilizan la manipulación y la persuasión para lograr sus objetivos. Dado que puede utilizarse tanto para el bien como para el mal, es una disciplina muy debatida. Sin embargo, nadie puede discutir que la psicología oscura es una herramienta poderosa cuando se utiliza.

En esencia, la psicología oscura se centra en comprender y explotar las debilidades psicológicas humanas. Los profesionales de la psicología oscura pueden manipular a los demás comprendiendo cómo piensan, sienten, actúan y reaccionan. Utilizan estos conocimientos para convencer a alguien de que compre un producto que no necesita o incluso de que cometa un delito.

Desde el principio, es importante entender que la psicología oscura puede servir para fines tanto malévolos como benévolos. Por ejemplo, a veces los terapeutas utilizan técnicas de psicología oscura para ayudar a pacientes a afrontar retos y sentimientos de ansiedad. Del mismo modo, las fuerzas del orden emplean técnicas similares para extraer información de los delincuentes. Los publicistas, por su parte, la utilizan para persuadir a clientes potenciales de comprar sus productos.

¿Cómo funciona la psicología oscura?

La psicología oscura parte de la idea de que la psicología humana, como campo de estudio y práctica, puede abordarse con la intención expresa de manipular. De hecho, el estudio del lado oscuro es muy importante porque ayuda a protegerse contra acciones manipuladoras y malignas mediante la construcción de defensas contra los ataques psicológicos. Estudiar el lado oscuro conduce a resultados positivos, ya que permite defenderse de las tácticas que se utilizan.

Las personas utilizan a diario tácticas de psicología oscura para motivar, persuadir y manipular. Es la ciencia y el arte del control mental y la manipulación. Mientras que la psicología es el estudio de la experiencia humana y es fundamental para saber cómo pensamos, sentimos y nos comportamos, la psicología oscura se ocupa de cómo las personas utilizan tácticas como la persuasión, la motivación, la coerción y la manipulación para lograr sus objetivos personales, a menudo egoístas.

¿Por qué existe la psicología oscura?

La razón por la que existe la psicología oscura es que somos una especie a la vez cooperativa y competitiva. Los seres humanos somos capaces de la cooperación, la bondad y la creatividad de forma asombrosa, al igual que somos capaces de la crueldad, la agresión y la manipulación extremas. Somos las dos caras de una misma moneda y mostramos cualidades y comportamientos positivos y negativos.

En general, la negatividad se reconoce y se recuerda más fácilmente que la positividad. Cada vez que se comete un crimen o sucede algo terrible, nos enteramos por las noticias. Innumerables programas de televisión, películas y libros giran en torno a la psicología, el crimen, el misterio y otros temas «oscuros». Esta intensa cobertura despierta un gran interés. Aprendemos sobre la cultura, las normas, los valores y la ansiedad a través de los dramas de crímenes reales. Ver novelas policíacas destapa nuestro instinto natural de resolución de problemas y nos permite especular por qué ciertas personas se comportan de forma desviada.

El estudio de la psicología oscura

Filósofos, grandes pensadores, figuras religiosas y científicos han sugerido que la psicología oscura puede analizarse lógicamente. Aunque no es una rama de la psicología reconocida académicamente, algunos aún la consideran un método para comprender el comportamiento humano.

La psicología oscura aún no es considerada una rama legítima de la psicología, a pesar de que se han publicado innumerables artículos y debates en línea y en persona. Aunque la psicología oscura no se estudia como parte de los cursos de psicología en las universidades acreditadas, sí es parte de una amplia gama de técnicas utilizadas en las sesiones de terapia.

Alfred Adler, médico y psicoterapeuta austriaco, fundador de la escuela de psicología individual, se interesó por el estudio de la psicología oscura (ocupó el puesto 67 entre los psicólogos más eminentes del siglo XX en una encuesta publicada en 2002 por la Review of General Psychology). Los estudios de Adler se centraban principalmente en cómo los individuos adquieren su identidad y autoestima en relación con la aceptación que reciben por parte de su comunidad y la sociedad.

La psicología oscura se basa en las teorías de Adler sobre el comportamiento humano. Según estas teorías, todo lo que pensamos, sentimos y hacemos es intencionado. Somos altruistas porque nos conviene y nos proporciona recompensas y aceptación por parte de nuestros amigos, familia y comunidad. En otras palabras, somos altruistas porque calculamos que es más beneficioso para nosotros mismos.

Cuando se educa a un niño para que sea compasivo, responsable y participativo, este experimenta mayores niveles de aceptación y aprobación del grupo. Según Adler, todo comportamiento tiene un propósito y contribuye a patrones funcionales de salud, excepto el comportamiento maligno. El comportamiento humano que está en el otro lado del espectro, aunque no favorece la integración social, también tiene un propósito: la manipulación y la explotación.

Esta teoría sostiene que quienes son agresivos (o «anti») responden a un intenso sentimiento de inferioridad. Las personas que se sienten excluidas o no son aceptadas por la sociedad tienden a alejarse de ella y a marginarse. Y cuanto más alejadas están de su sentido de comunidad, menos propensas son a tratar a los demás con compasión, cortesía y consideración.

A medida que las sociedades se dividen más, las personas se sienten cada vez más frustradas y solas, lo que conduce a un aumento de su agresividad. Los psicópatas narcisistas son ejemplos típicos. Disfrutan victimizando a los demás y explotándolos sin remordimientos, y son especialmente egoístas. Por lo tanto, para comprender la psicología oscura, primero se debe entender el comportamiento intencional.

Personalidad y psicología oscura

La «tríada oscura» ha sido ampliamente investigada como parte de la psicología oscura. Esta teoría describe los tres peores tipos de personalidad que puede tener una persona. Estos individuos interactúan socialmente de forma calculadora, siendo manipuladores, deshonestos e insensibles. Con frecuencia explotan a sus víctimas a través de interacciones sociales simples.

1. **Narcisistas:** Padecen de falta de empatía, egoísmo y grandiosidad. Una persona narcisista tiene una idea inflada de su propia importancia. Esto puede suceder de forma abierta o encubierta. Alguien que se da aires de superioridad es considerado arrogante y altivo. Los individuos con rasgos narcisistas a menudo presumen de sí mismos o exageran sus talentos delante de los demás.

2. **Maquiavélicos:** Engañan y explotan a la gente utilizando la manipulación y no tienen brújula moral. Las personas con características maquiavélicas elevadas tienen pocas limitaciones morales, si es que tienen alguna. Son utilitaristas despiadados, ponen siempre por delante su felicidad y bienestar, y están dispuestos a utilizar cualquier táctica para lograr sus objetivos, incluso si esto perjudica a los demás.

3. **Psicópatas:** Amistosos y encantadores, pero impulsivos, egoístas, carentes de empatía y remordimientos. Las personas con rasgos psicopáticos altos tienen un temperamento fuerte, aunque se consideren a sí mismas racionales y de cabeza fría. Tienen predilección por las actividades peligrosas y una falta general de empatía hacia los demás.

La teoría de la tríada de personalidades oscuras es la base de la psicología oscura. Por lo tanto, debe mantenerse alejado de las personas con estos rasgos para evitar la manipulación y la angustia psicológica. La manipulación es algo que nadie desea, pero ocurre. Aunque alguien no tenga ninguno de los rasgos de la tríada oscura, puede ser manipulador y es mejor evitarlo.

La psicología oscura en la práctica

La psicología oscura sostiene que el comportamiento explotador está motivado por intenciones egoístas o poco claras. También es posible que sea producto de comportamientos lógicos relacionados con profesiones depredadoras, como los negocios o la abogacía.

Estas estrategias de manipulación se utilizan mucho en internet, en la publicidad e incluso en los lugares de trabajo. También, por ejemplo, cuando los niños luchan por su autonomía, utilizan estos métodos para alcanzar sus objetivos. Sus allegados utilizan a menudo la persuasión oscura y el engaño para múltiples fines.

En los negocios

Como sabe cualquier persona promedio, la capacidad de influir en las emociones de una persona es extremadamente útil para vender y comercializar en un sector en el que la rivalidad es feroz. Esto incluye métodos como la persuasión y la negociación, que se utilizan para obtener un control subconsciente de los demás. No es raro que una empresa ofrezca sus productos o servicios y prometa más de lo que es posible o realista. Por ejemplo, ofrecer productos que benefician a todos y mejoran la vida de los clientes. Estas empresas pueden usar la psicología oscura para sobredimensionar los beneficios de sus productos valiéndose de cualquier método, incluso uno moralmente malo, para conseguirlo. En otras palabras, el fin justifica los medios.

En el lugar de trabajo

No se trata solo de mercadeo y ventas. De hecho, la psicología oscura también se utiliza estratégicamente en el lugar de trabajo. A menudo se manipula a los trabajadores para que sacrifiquen su interés individual por la empresa reclamado solo una pequeña parte de su verdadera contribución al trabajo. Lemas laborales como «Juntos somos mejores», «Tú importas» y «Somos uno» son el tipo de eslóganes que se utilizan para persuadir de que las situaciones laborales son adversas por un bien mayor.

En las interacciones sociales

En las relaciones interpersonales surgen diversos comportamientos psicológicos oscuros debido a los aspectos más ocultos e inmorales de la naturaleza humana. Por ejemplo, alguien puede volverse excesivamente iracundo o agresivo durante una disputa con un ser querido o un familiar. Un competidor también puede perjudicar a sus rivales utilizando métodos deshonestos o sin escrúpulos.

En política

A lo largo de la historia, los políticos y las figuras de autoridad han utilizado tácticas de psicología oscura, y su uso ha aumentado por varias razones. En política, la psicología oscura explota el miedo, expone los puntos débiles, manipula al electorado y crea discordia. Los políticos manipulan los sentimientos de las personas para convencerlas de que actúen en contra de sus intereses. Los líderes políticos suelen utilizar la psicología oscura para fomentar una mentalidad de rivalidad con el fin de crear conflicto y división. Además, intentan convencer a la gente para que apoye sus estrategias e iniciativas explotando las inseguridades o ansiedades de las personas. Por si fuera poco, pueden utilizar estas tácticas para manipular a los medios de comunicación y lograr una imagen positiva, ya sea mediante discursos sinceros u oportunismo político. Aunque la psicología oscura puede usarse para el bien o para el mal, con frecuencia se utiliza para obtener beneficios políticos a costa de muchos.

En las relaciones

El objetivo del uso de la psicología oscura en las relaciones es conseguir lo que se busca de una relación romántica. Hay muchas maneras de utilizar la psicología oscura en las relaciones, pero el objetivo básico es siempre el mismo. Se utilizan varios métodos para obtener el control, incluyendo el *gaslighting*, la negación del amor, y otras técnicas. La premisa es mantener un fuerte dominio sobre la relación mediante el control de los sentimientos y lo que generan. Por ejemplo, alguien puede desencadenar vulnerabilidades psicológicas en su pareja coqueteando con otra persona para insinuar deliberadamente que tiene la opción de dejarla cuando quiera.

La psicología oscura proporciona una amplia gama de técnicas de manipulación psicológica que se pueden utilizar de múltiples maneras para mejorar las posibilidades de obtener éxito en el mundo de las citas.

Otras tácticas utilizadas:

- **Psicología inversa:** Fomentar una creencia, comportamiento o actividad apoyando lo contrario.

- **Negar el amor:** Negar afecto y atención.

- **Bombardeo amoroso:** Felicitar, mostrar afecto o adular a alguien para obtener su cooperación.

- **Manipulación semántica:** Usar palabras ambiguas para revelar después que el manipulador tiene una comprensión y definición diferentes.

- **Mentir:** Hacer afirmaciones falsas, exagerar, engrandecer, decir verdades parciales y hacer falsas promesas.

- **Retraimiento:** Tratamiento silencioso y evasión.

- *Gaslighting:* Crear dudas y confusión.

Estos son solo algunos ejemplos de tácticas de psicología oscura que prácticamente cualquiera puede utilizar en cualquier contexto de su vida cotidiana. Por esto, es beneficioso para todos aprender sobre la psicología oscura y saber cómo opera para protegerse de estos ataques.

Implicaciones de la psicología oscura para la sociedad

La psicología oscura tiene muchas implicaciones para la sociedad. Anima a la gente a hacer cosas que dañan a los demás, directa o indirectamente, voluntaria o involuntariamente. Permite a las personas justificar sus acciones y les hace sentirse bien consigo mismas. Esto puede llevar a que se vuelvan más agresivas y violentas. La psicología oscura implica una visión muy pesimista de la naturaleza humana. Afirma que las personas son egocéntricas por naturaleza, codiciosas y hambrientas de poder y control. Aunque algunos pueden argumentar que la psicología oscura en la práctica es fundamentalmente deshonesta, otros no ven ningún problema en ella. Sin embargo, plantea diversas amenazas, desde la degradación de la salud mental hasta la manipulación psicológica y la pérdida de respeto y confianza, todo lo cual pone en peligro la cohesión social en general.

Un inconveniente importante de la psicología oscura es su capacidad para llevar a las personas a cometer delitos violentos, incluido el asesinato. Una persona que ha sido víctima de *gaslighting* o condicionada socialmente de alguna manera puede sentirse más segura de sí misma y considerar que está por encima de la ley o que es más lista que los demás. Como carece de empatía por los demás (y quizá incluso por sí misma), puede cometer actos violentos o ilegales para controlar a los demás. Este tipo de explotación puede provocar heridas profundas, aunque el daño físico sea leve.

La psicología oscura puede tener graves efectos adversos a largo plazo. Debe tener cuidado al aplicar la psicología oscura y ser siempre consciente de sus repercusiones. En última instancia, puede ser ventajosa o perjudicial, dependiendo de cómo se utilice.

Estrategias para reconocer y resistir las tácticas de la psicología oscura

Depende de usted determinar si la psicología oscura es positiva o negativa. Ahora, ¿cómo protegerse? El primer paso es adquirir una comprensión básica del tema. Puede evitar el peligro siendo consciente de su entorno y defendiéndose del engaño o la manipulación si entiende cómo funciona la psicología oscura y sus métodos. Manténgase rodeado de personas que se preocupan por usted y le hacen sentir bien. Será menos vulnerable a la explotación. Por último, confíe en sus instintos y abandone una situación si le incomoda.

Hay muchas definiciones de psicología oscura, pero la más común es la manipulación de las emociones de las personas para influir en sus pensamientos, comportamientos y acciones. En la mayoría de los casos, esto se hace para conseguir objetivos egoístas, como ganar dinero, adquirir estatus o alcanzar poder. El objetivo de la psicología oscura es influir en las personas para que actúen de una manera que, inherentemente, no les beneficia.

Mucha gente cree que la psicología oscura es un reflejo del individuo. La mayoría de las veces, la psicología oscura se dirige hacia otras personas y no hacia uno mismo. Sin embargo, esto no significa que solo las personas que son «malas» o «malvadas» puedan cometer estos actos de abuso, manipulación y engaño.

La psicología oscura es, sin duda, uno de los métodos más poderosos para engañar y explotar a otras personas. Reconocer estas tácticas y saber cómo enfrentarse a ellas es crucial para no verse afectado por los riesgos que conllevan. Quienes utilizan la psicología oscura para manipular a los demás tienen potencial de cambiar. Con orientación y conocimiento, pueden comprender las implicaciones de tales estrategias y evitar el comportamiento engañoso.

Capítulo 2: Diferentes personalidades manipuladoras

La manipulación se presenta de muchas formas. Al leer este capítulo, sabrá qué individuos tienen tendencias manipuladoras. Aquí se exploran las diferentes características de los manipuladores. También se explica el MBTI y se exploran las personalidades con más tendencias manipuladoras. Por último, se profundiza en la tríada oscura.

Los manipuladores hacen que los demás se sientan mal
https://www.pexels.com/photo/multiethnic-friends-bullying-woman-on-street-6147396/

Diferentes características de los manipuladores

Las siguientes son algunas de las características más comunes de los manipuladores:

Se hacen los inocentes

Los manipuladores cuentan historias no solo para parecer inocentes, sino también para presentarse como víctimas. Consiguen que se sienta mal por no permitir que lo utilicen. ¿Se acuerda de ese amigo que siempre le pedía que le hiciera las tareas porque el perro de su hermana estaba en el hospital? ¿Recuerda cómo le hacía sentir culpable cuando lo rechazaba, incluso cuando sabía que ya tenía bastantes problemas? Esta es una característica común de los manipuladores.

Piden consejo y luego lo desechan

Estos vampiros energéticos buscan su ayuda, le piden consejo y luego proceden a hacer las cosas a su manera. Si trata de llamarles la atención o se niega a ayudarles la próxima vez, dirán que se trata de su propia experiencia vital. Cada uno debe vivir su vida como quiera. Sin embargo, no deberían hacer perder el tiempo a los demás si no están dispuestos a escuchar perspectivas diferentes de las suyas.

Justifican su comportamiento negativo

Los manipuladores no tienen ningún problema en justificar su comportamiento negativo. Hacen que parezca que no tenían más remedio que actuar así. Hacen cualquier cosa para demostrar su punto de vista en lugar de llegar a un acuerdo en discusiones o argumentos. Lo más probable es que ni siquiera escuchen lo que los demás tienen que decir.

Cambian rápidamente de tema

No importa lo fundamental que sea un tema para usted. Un manipulador lleva la conversación en la dirección que él quiera siempre que sea posible. Suele hacerlo, sobre todo, cuando se da cuenta de que lo que está diciendo es erróneo. En lugar de admitirlo o indicar que el punto de vista de otra persona puede ser correcto, prefieren cambiar totalmente de tema y evitar lo que consideran una vergüenza.

No dicen toda la verdad

Del mismo modo, los manipuladores son maestros en inclinar la balanza a su favor. Modifican la verdad eligiendo la información que comparten y las cosas que prefieren mantener ocultas. Abordan todas las situaciones de la vida como si cualquier cosa que dijeran pudiera volverse en su contra. Les gusta poder decir con confianza algo como: «¿Cuándo dije yo eso?».

Le hacen sentir culpable

A menudo se encontrará sintiéndose culpable y disculpándose, incluso cuando no ha hecho nada malo. Todos tenemos problemas con los que lidiar. Sin embargo, los límites son algo que los manipuladores no entienden. Si no está a su entera disposición, estos individuos le harán sentir culpable por no estar siempre a su lado.

Los manipuladores también pueden hacerlo sentir culpable por sentir emociones. Si les llama la atención por algo que han hecho, le darán la vuelta a la situación y afirmarán que se comportaron, así como consecuencia de sus acciones. Le convencerán de que tuvo la culpa e incluso conseguirán que se disculpe.

Lanzan insultos

Estas personas tienden a ser groseras por naturaleza. Todos bromeamos con nuestros amigos por diversión. Sin embargo, los manipuladores saben cómo golpearle donde más le duele y luego afirmar que solo era una broma. Cuando lo insultan, saben que están haciendo mucho más que «bromear». Saben que le hacen daño; si se queja, le dirán que no sabe aceptar una broma. Así es como entorpecen su autoestima, hacen que se cuestione y establecen su dominio.

Son abusadores

Los manipuladores van más allá para alterar sus percepciones. Pueden llegar a difundir rumores para desprestigiarlo. Al tratar con un manipulador, puede que se pregunte si vale la pena defenderse y expresar sus opiniones. Sabe que se burlará de usted y lo hará sentir insignificante.

Trivializan la situación

Si le dice que sus palabras y acciones lo hieren, le dirá que está dando mucha más importancia a la situación de la que merece. En otras palabras, que está haciendo una tormenta en un vaso de agua. Sin embargo, lo más frustrante es que a menudo es él quien le da demasiada importancia a las cosas. Crea una salida para cada situación cuando se sienten amenazados de alguna manera. Entonces, culpan a los demás y actúan como si todos estuvieran en su contra.

Nunca asumen responsabilidades

Si hay algo que se le da bien a los manipuladores es echar la culpa a otros y hacerse pasar por víctimas. La vida es un paseo para ellos. Hacen lo que quieren, hieren a la gente e ignoran las consecuencias y no asumen ninguna responsabilidad por su comportamiento. Le miran directamente a los ojos y le dicen que no han hecho nada malo. Si no pueden zafarse, de inmediato idean una manera de justificar sus acciones. El problema es que tienen facilidad de palabra y pueden hacerle creer cualquier cosa que salga de su boca, aunque tenga pruebas sólidas en su contra. Están dispuestos a todo menos a rendir cuentas.

¿Qué es el indicador de tipo Myers-Briggs?

INFP, INTJ, ESFJ, y la lista continúa... probablemente se haya encontrado alguna vez con estas siglas y se haya preguntado qué significan. Estas combinaciones de letras que suenan tan bien son en realidad tipos de personalidad. Myers y Briggs inventaron unos test de personalidad que agrupan a las personas en categorías en función de sus respuestas.

Puede encontrar y hacer el test en internet y recibir un informe completo de su tipo de personalidad, sus deseos, sus necesidades, sus puntos fuertes y puntos débiles. Basado en la teoría psicológica de Carl Jung, el MBTI (Indicador de Tipos de Myers-Briggs, por sus siglas en inglés) es actualmente una de las herramientas más populares en los estudios psicológicos y de personalidad. Según este indicador, existen 16 personalidades. Ninguna de las personalidades es superior y ninguna es inferior. Este test se diseñó simplemente para aprender más sobre nosotros mismos y sobre los demás. Está diseñado para evaluar las siguientes escalas:

E/Extroversión - I/Introversión

La primera escala es la de extroversión-introversión. Evalúa cómo interactúa cada personalidad con los demás y con el mundo. En lo que respecta al MBTI, la extroversión y la introversión son mucho más que la capacidad de hacer nuevos amigos o la probabilidad de pasar un sábado por la noche en casa. La extroversión se refiere a tener una inclinación «hacia fuera». Estos individuos siempre están listos para saltar a la acción. Son mariposas sociales que prosperan y se sienten llenas de energía cuando pasan tiempo con otros. Las interacciones sociales les ayudan a recargar las pilas. Los introvertidos, en cambio, tienen una inclinación «hacia dentro». Les gusta tomarse su tiempo para pensar las cosas antes de actuar. No necesariamente son solitarios o tienden a aislarse, como la mayoría de la gente cree. Simplemente disfrutan de las interacciones significativas y sinceras. Aunque los acontecimientos sociales no son agotadores para todos, pueden resultar abrumadores para algunos, y los introvertidos pueden recargar las pilas pasando tiempo a solas. Todo el mundo presenta ambos rasgos en cierta medida. Sin embargo, cada uno de nosotros se inclina generalmente hacia la extroversión o la introversión.

S/Sensibilidad - N/Intuición

La segunda escala incluye los rasgos de sensibilidad e intuición. Se asocia con la forma en que las personas obtienen información de su entorno y cómo la perciben. Todos somos sensibles e intuitivos. Cada situación determinada influye mucho en cómo tratamos la información. Aunque nadie es totalmente intuitivo o sensitivo, todos tenemos un área dominante por la que obtenemos información. A las personas sensibles les gusta incorporar sus sentidos al proceso. Les gusta sumergirse en la realidad y tomarse su tiempo para «sentirla». Estas personas disfrutan con las experiencias prácticas. Les gusta hacer las cosas por sí mismas y suelen estar atentas a los detalles y las pruebas. Las personas intuitivas, por el contrario, se centran más en los patrones. Confían en sus propias impresiones y en su intuición. Les gusta explorar todos los resultados posibles y visualizar el futuro. Disfrutan planteando situaciones hipotéticas y teorías.

T/Pensamiento - F/Sentimiento

Pensar y sentir constituyen la tercera escala. Esta se refiere a la forma en que utilizamos la información que obtenemos, mediante la percepción o la intuición, para tomar decisiones. Las personas que toman decisiones pensando son las que se basan en hechos, pruebas y datos. Suelen tomar decisiones objetivas. Suelen ser más racionales que las que «sienten» sus decisiones. También suelen ser personas lógicas y coherentes a las que no les gusta la subjetividad a la hora de sopesar sus opciones. Los individuos que practican la toma de decisiones «por sentimientos» se dejan llevar por sus emociones. Al igual que en las dos escalas anteriores (E - I y S - N), hay situaciones en las que los individuos «sentimentales» piensan de forma más racional y viceversa.

J/Juicio - P/Percepción

La última escala se refiere a cómo nos relacionamos con el mundo que nos rodea. Las personas juiciosas no son necesariamente críticas, ni desprecian siempre a los demás. Cuando se habla de juzgar, se hace referencia a un pensamiento más estructurado. A estas personas les gusta ser firmes a la hora de decidir las cosas. Los perceptivos se caracterizan por su flexibilidad. Son más abiertos y se adaptan fácilmente a los cambios. Esta escala está relacionada con todas las demás. Todos somos extrovertidos en cierta medida, ya que, al fin y al cabo, todos interactuamos con el mundo exterior. Durante estas actividades de extroversión, la escala J - P se refiere a nuestra forma de actuar cuando estamos percibiendo o intuyendo (obteniendo nueva información) y pensando o sintiendo durante la toma de decisiones.

El MBTI más manipulador

La manipulación tiene lugar en todas partes a nuestro alrededor. Se manifiesta en forma de relaciones abusivas. Los policías la practican para hacer que un sospechoso confiese. Los médicos la utilizan para que sus pacientes abandonen hábitos poco saludables. Los publicistas manipulan para vender cosas innecesarias, etc. En realidad, la práctica de la psicología oscura está mucho más extendida de lo que se cree.

Según la Consultoría de Psicología de la Salud, la mayoría de los manipuladores presentan ciertos rasgos de carácter. Los manipuladores suelen ser engañosos, lo que significa que engañan intencionadamente a los demás para su propio beneficio. Hacen todo lo posible para controlar a los demás y a su entorno y les cuesta expresar emociones profundas. Los manipuladores suelen ser muy independientes. Saben lo que tienen que hacer para prosperar en la vida sin ayuda de nadie. Son carismáticos, convincentes y seductores con los demás. Puede que le sorprenda saber que estos individuos suelen ser tímidos. Aunque parezcan rebosar confianza, los manipuladores pasan la mayor parte del tiempo preocupándose por lo que los demás piensan de ellos.

En otras palabras, una personalidad MBTI con estos rasgos tiene muchas probabilidades de ser un manipulador. Aunque guardar rencor y controlar todos los aspectos de la vida no es una ventaja, las personas controladoras suelen ser muy impulsivas, motivadas, respetadas y exitosas y rara vez se sienten agotadas. De esto podemos deducir que los individuos extrovertidos son más propensos a tener tendencias manipuladoras debido a su carisma, sus altos niveles de energía y su comprensión de cómo controlar a los demás para obtener beneficios personales.

Los manipuladores también son intuitivos. Esto se puede ver en lo arrojados que están hacia el éxito y en su capacidad para controlar varios aspectos de su vida. La intuición también se manifiesta en su autosuficiencia y sus tendencias paranoicas. Son personas pensantes, teniendo en cuenta que sus juegos manipuladores provienen de un lugar interior libre de culpa. También juzgan más de lo que perciben. En ese caso, el tipo de personalidad ESTJ es el que tiene más probabilidades de ser un manipulador. El ENTJ es el segundo.

El MBTI y la manipulación y el engaño

Existen diferentes tipos de manipuladores y quien diga que no ha manipulado alguna vez, mentiría. Dicho esto, algunas personas lo hacen habitual y frecuentemente. Utilizan la manipulación para salirse con la suya todo el tiempo. Aunque existen cuatro tipos principales de manipulación emocional, las investigaciones revelan que en realidad hay un total de diez tipos. Son los siguientes:

1. Víctima constante (ESFJ, ISFJ, INFJ, ESFP, ISFP)

Estos individuos se hacen las víctimas en todas sus relaciones. Lo extrovertido es muy evidente en estos tipos de personalidad. Su tendencia a victimizarse es su perdición y el problema es que no siempre se dan cuenta de que lo están haciendo. Si perciben que alguien tiene un sentimiento negativo hacia ellos, le dan la vuelta a la situación para demostrar que son antipáticos porque otros les han hecho actuar así. Las personalidades de sentimientos intuitivos, ISFP y ESFP, van incluso en contra de su naturaleza de guiarse por su moral y sus creencias. Esto se debe a que su juicio suele estar nublado y pueden creer sinceramente que son la víctima si la situación lo requiere.

2. Experto en una sola cosa (ESTJ, ESTP, ENFP, NT)

Estas personas son muy críticas y les gusta menospreciar a los demás solo para demostrar que son mejores que ellos. Son pensadores extrovertidos, que perciben todas las situaciones como una oportunidad para demostrar sus conocimientos. Constantemente intentan demostrar que saben más que los otros, aunque no sea así. Son conocidos por sus tendencias organizativas y estructuradoras. De esta misma manera, su personalidad se refleja en cómo «estructuran» su ego. A los tipos extrovertidos les gustan los juegos mentales que pueden despistar a los demás. El lado intuitivo de los ENTP y ENFP hará que se centren en las partes de la conversación que pueden utilizar para dirigir una discusión. Los ESTP se sienten impulsados a ganarlo todo, cueste lo que cueste y sin importar a costa de quién.

3. Dependiente poderoso (ISFJ, INFJ)

Disfrutan fingiendo ser indefensos y débiles. Sin embargo, así es como dominan todas sus relaciones. No muestran su verdadero yo ni siquiera a sus amigos más íntimos. De hecho, las personas a las que ya conocen y de las que son amigas son las más fáciles de manipular. Ya les han convencido de lo débiles que son, por lo que es mucho más fácil aprovecharse de ellos. Mantienen un círculo reducido y conservan la imagen del amigo impotente al que no se puede defraudar.

4. Triangulador (ISTJ, ESTJ, INTJ, ENTJ)

Estos individuos saben cómo conseguir que la gente se ponga de su parte y se pongan en su contra. Son expertos a la hora de destruir relaciones y hacer que la gente se sienta mal consigo misma. Se guían por la mentalidad de «la mayoría manda», lo que significa que le harán sentir inadecuado o estúpido si no está de acuerdo con ellos y quienes están de su lado.

5. Explosivo (ESFP, ESTP, ISTP)

Si les hace preguntas que no desean responder, estos individuos explotarán de la nada. Utilizarán su ira para pararlo en seco. Aunque todos somos propensos a estallar un poco cuando queremos que nos dejen en paz, estos tipos son particularmente propensos a este tipo de comportamiento debido a su extroversión. No piensan dos veces antes de ponerse agresivos. En lugar de enfrentarse a una situación determinada, buscan intimidar para salir de ella.

6. El proyector (ESFJ, ESFP, ESTP, ENFP, ENFJ, ENTP)

La gente con este tipo de personalidad cree que es perfecta. Piensan que nunca cometen errores, por lo que nunca se hacen responsables. Culpan a todo el mundo menos a sí mismos y hacen todo lo posible para mantener la imagen que desean.

7. Malinterpretador deliberado (ISFJ, INFP, ENFP)

Estas personas pueden parecer muy agradables al principio. Sin embargo, cambiará de opinión sobre ellas en cuanto se dé cuenta de que tergiversan sus palabras y las utilizan en su contra. Estos introvertidos hacen esto con sus enemigos, pensando que hacerlos quedar mal ayuda a que ellos mismos den una buena impresión. Los extrovertidos también utilizan esta táctica para conseguir lo que quieren.

8. El coqueto (todos los SP, ESFJ, ENFP)

Este tipo de personalidad se destaca por utilizar el coqueteo para conseguir lo que quiere. A estas personas les gusta ser admiradas por todos y disfrutan siendo el centro de atención. Aunque pueden ser encantadoras, hay que tener cuidado, porque no les importa hacer daño. Suelen coquetear para salirse con la suya, por lo que sus necesidades y deseos no les importan en absoluto. No coquetean con usted para hacerle sentir bien con usted mismo. Solo lo hacen porque les gustan los halagos. Les gusta saber que les desea. Los ESFJ que muestran este comportamiento suelen hacerlo después de haber salido con alguien durante un tiempo. Es su forma de divertirse, aunque lo hagan a costa de los demás. Mientras tanto, los ENFP lo hacen porque no pueden manejar la construcción de una conexión significativa con alguien.

9. El fuerte (ISTJ, ESTJ, INTJ, ENTJ)

Este tipo de personalidad utiliza la intimidación para conseguir lo que quiere. Estas personas no tienen ningún problema en utilizar a los demás para su propio interés. Hacen las cosas a su manera, por lo que a menudo es mejor no meterse cuando deciden algo. Sin embargo, tienen la ventaja de ser grandes organizadores y bastante directos. Aun así, no hay que fiarse de ellos, porque cuando deciden que ha llegado el momento de dejarle, le echarán de sus vidas sin pensárselo dos veces. Lo más probable es que no pueda hacer nada lo suficientemente bueno para ellos. Siempre se las arreglan para hacerlo sentir mal y dañar su autoestima.

10. El Delincuente Múltiple (todos y cualquier MBTI)

Por último, pero no menos importante, estos individuos utilizan múltiples técnicas, dependiendo de la situación en la que se encuentren. Aunque cada persona se inclina por una determinada táctica de manipulación, todos somos propensos a aprender y desarrollar nuevas tácticas para alcanzar nuestros propósitos.

Los rasgos de personalidad de la tríada oscura

Como se ha visto, la tríada oscura es un término psicológico popular que se refiere a tres rasgos de personalidad diferentes, aunque de alguna manera relacionados:

- **Narcisistas:** Los narcisistas son individuos arrogantes que se caracterizan por su falta de empatía. Son egoístas, típicamente egocéntricos, fanfarrones y especialmente sensibles a las críticas.

- **Maquiavélicos:** Las personas con este rasgo son típicamente manipuladoras. Dan prioridad a su propio interés, incluso cuando su moral está en entredicho. No son personas emocionales.

- **Psicópatas:** Los individuos con tendencias psicópatas se caracterizan por la falta de remordimientos. Tienen tendencias antisociales y son muy manipuladores.

Puede ser difícil determinar si alguien es manipulador al conocerlo por primera vez. Los individuos manipuladores ocultan muy bien sus motivos hasta que alguien se involucra en sus vidas. Por este motivo es muy difícil alejarse de ellos. Afortunadamente, la lectura de este capítulo le permitirá detectar fácilmente algunas señales de advertencia.

Capítulo 3: ¿Por qué la gente utiliza la manipulación?

Últimamente oímos hablar mucho de narcisismo, psicopatía y *gaslighting*. Con el creciente debate sobre la salud mental, y a medida que más personas comparten sus historias en las redes sociales, somos más conscientes del lado oscuro de la humanidad. La manipulación es uno de los comportamientos más tóxicos a los que estamos expuestos en la vida cotidiana. No todos los manipuladores son conscientes de su comportamiento. De hecho, muchos creen que sus acciones son normales. La manipulación se ha convertido en parte de la vida cotidiana moderna. Las empresas la utilizan como forma de mercadeo para vender sus productos, los medios de comunicación la emplean para estimular emociones negativas y muchas personas la utilizan a diario para salirse con la suya.

Los manipuladores quieren sentirse poderosos controlando a sus víctimas
https://unsplash.com/photos/IqSaG9zv2e0

Manipular e influir en la opinión de alguien son dos cosas distintas. Según la psicóloga Ruchi Sinha, hay una delgada línea que separa la manipulación de la influencia. La influencia es la capacidad de persuadir a alguien para que haga algo. Es una habilidad que dominan los líderes de éxito para negociar o animar a su equipo. Influir es ayudar a alguien en una dirección determinada que beneficia a ambas partes. La otra persona es libre de tomar esa dirección y no se la fuerza, a diferencia de lo que ocurre durante la manipulación. Básicamente, lo que distingue la influencia de la manipulación es la intención. El influenciador no tiene malas intenciones. Quiere convencer de algo que beneficia a ambas partes y da espacio para pensar y actuar según el propio interés. La manipulación, en cambio, implica coacción y juegos mentales que fuerzan o engañan para que la otra persona tome una decisión con la que no se siente cómoda. Esta elección solo beneficia al manipulador.

Según el ex agente del FBI y autor Joe Navarro, para influir en los demás es necesario utilizar sus mejores cualidades y crear un entorno y una experiencia positivos para los demás. Si la influencia es una habilidad poderosa y positiva que la gente puede utilizar fácilmente, ¿por qué eligen la manipulación en su lugar? Las personas utilizan la manipulación por varias razones que tienen que ver con su pasado, su tipo de personalidad, el entorno en el que viven y otros factores de los que se habla en este capítulo.

Razones por las que la gente utiliza la manipulación

Tipos de personalidad

Múltiples estudios han demostrado que los rasgos de la personalidad pueden influir en el comportamiento. Existen 16 tipos de personalidad y usted puede descubrir el suyo realizando el test de personalidad de Myers-Briggs. Un estudio de la Universidad de Tennessee estableció una relación entre el tipo de personalidad y la capacidad para manipular y engañar a los demás. Cada persona tiene un objetivo que alcanzar; algunas recurren a la manipulación, mientras que otras no. Esto depende principalmente de su tipo de personalidad.

Cada persona tiene sus propios motivos fundamentales asociados a sus deseos y objetivos. El tipo de personalidad afecta la forma de actuar en función de esos deseos. Por ejemplo, dos personas pueden tener los mismos objetivos. Sin embargo, el rasgo principal de personalidad de uno es la extroversión, mientras que el del otro es la introversión. Ambos utilizarán tácticas diferentes para alcanzar sus objetivos. Los extrovertidos podrían faltar a la verdad debido a que son sociables y, por tanto, tienen más oportunidades de interactuar con gente y decir una mentira de vez en cuando. A diferencia de los introvertidos, que suelen ser tranquilos y no necesitan socializar tanto, por lo que no tienen las mismas oportunidades de mentir. Los tipos de personalidad también afectan los motivos de una persona. Por ejemplo, a los extrovertidos les mueve el deseo de ampliar su círculo y tener más contactos, mientras que a los individuos sensoriales o sensitivos les motiva recabar información sobre el mundo que les rodea.

Por lo tanto, el tipo de personalidad de un individuo influye sustancialmente en sus motivos y en cómo persigue sus objetivos. Una persona puede recurrir a la mentira, el engaño o el comportamiento manipulador si es lo que necesita para conseguir lo que quiere. Por ejemplo, las personas muy extrovertidas pueden mentir en sus solicitudes de trabajo o durante una entrevista si creen que es la única forma de conseguir el puesto. La extroversión también se asocia con el poder, el estatus social y el deseo de ser aceptado. Esto puede animarles a utilizar técnicas engañosas y manipuladoras, como aprovecharse de su poder, si ello puede ayudarles a alcanzar el estatus o la admiración que buscan.

Los manipuladores quieren sentirse poderosos controlando a sus víctimas. En ciertos casos, estos individuos pueden tener éxito y ser respetados por quienes les rodean. Esto implica que un extrovertido es más propenso a utilizar conductas manipuladoras, ya que la manipulación requiere don de gentes, altos niveles de energía, habilidades sociales y la capacidad de controlar a los demás. Todas estas son cualidades que comparten muchos extrovertidos.

Las personas introvertidas e intuitivas también pueden mostrar un comportamiento manipulador, ya que comparten algunos rasgos como la autosuficiencia, el deseo de triunfar y la paranoia. Los tipos pensantes se asocian a menudo con la manipulación porque pueden actuar sin dejar que las emociones o la culpa interfieran en sus acciones.

Trastornos de la personalidad

Los manipuladores crónicos pueden padecer un trastorno narcisista de la personalidad (NPD, por sus siglas en inglés) o un trastorno límite de la personalidad (BPD). Las personas con NPD son individuos tóxicos que luchan por formar conexiones profundas con los demás. Cuando entran en una relación, suelen ser cariñosos y encantadores al principio. Sin embargo, cuando se quitan la máscara y muestran su verdadera cara, sus parejas los ven como los individuos tóxicos que son y los abandonan. Por lo tanto, utilizan tácticas manipuladoras como el *gaslighting*, culpar, avergonzar, hacerse la víctima, controlar e incluso amenazar con hacerse daño para que su pareja se quede en la relación.

Es probable que las personas con trastornos de la personalidad hayan sufrido una experiencia traumática o abusos en algún momento de la vida. A menudo se sienten inseguros y abandonados, por lo que utilizan el comportamiento manipulador como mecanismo de defensa. No han aprendido una forma más sana de enfrentar las situaciones o de pedir ayuda, por lo que la manipulación es el único modo que encuentran para satisfacer sus necesidades emocionales indirectamente o sentirse validados.

Comportamiento aprendido

Algunos manipuladores no son conscientes de su comportamiento. En algunos casos, las personas crecen en hogares donde la manipulación es la norma. De niños, sus padres nunca les animan a ser francos o a expresar abiertamente sus sentimientos. Les presionan para que se callen todo o tienen los gritos y las discusiones como única forma de comunicación. En escenarios así, aprenden a enfrentar la vida con necesidades insatisfechas y tienden a reprimir las emociones.

Los padres manipuladores invalidan los sentimientos de sus hijos, les retiran el afecto como forma de castigo, los controlan para que hagan exactamente lo que ellos quieren o emplean ataques personales para disminuir su autoestima. Los niños crecen creyendo que se trata de un comportamiento normal y empiezan a utilizar las mismas tácticas con los demás.

Entorno competitivo

Un entorno competitivo puede fomentar en gran medida el comportamiento manipulador. Por ejemplo, si trabaja en una empresa en la que menospreciar, hacer trampa o explotar las debilidades de las personas es la norma, es posible que adopte el mismo comportamiento. También hay ocupaciones (como el mercadeo o las ventas) que requieren ciertos tipos de manipulación o negocios que fomentan las negociaciones competitivas. Del mismo modo, algunos trabajos pueden hacer que adopte rasgos maquiavélicos para seguir el ritmo de la despiadada política de oficina. Los entornos competitivos en casa también pueden influir en el comportamiento de un niño. De hecho, es habitual que los niños utilicen tácticas manipuladoras, como explotar a los demás, cuando han tenido que competir con sus hermanos por el amor, el afecto y la validación de sus padres.

Las personas recurren a este comportamiento cuando se encuentran en desventaja y ansían el poder, por lo que engañan y manipulan a los demás para conseguir lo que quieren. La exposición constante a estas influencias afecta enormemente a las personas y hace que utilicen estas tácticas a diario. Este tipo de comportamiento se apodera poco a poco de sus vidas y se convierte en un hábito.

Abuso

Una historia de abuso, ya sea en la infancia o en la edad adulta, puede hacer que las personas tengan dificultades para comunicar sus necesidades de forma honesta y directa. Como resultado, pueden recurrir a comportamientos manipuladores, porque no conocen otra forma de conectar.

Habilidades de comunicación deficientes

En las relaciones, las personas deben ser francas entre sí y comunicar sus necesidades directamente. Normalmente no hay culpa, vergüenza ni juegos mentales. Algunos manipuladores tienen escasas habilidades comunicativas porque, de niños, sus padres nunca les enseñaron a comunicarse o a expresar sus sentimientos de forma saludable. Se ha mencionado anteriormente que la manipulación puede ser un comportamiento aprendido cuando el niño no tiene otra forma de expresarse. Entonces crece creyendo que engañar, retener el afecto, culpabilizar y otras formas de abuso son comportamientos normales. Básicamente, ésta es la única forma que conoce de comunicarse. Por ejemplo, si su pareja hace algo que le ha molestado, en lugar de hablar y expresar que esta acción hiere sus sentimientos, arremeterá contra ella o le retirará su afecto para castigarla. Esto puede ser muy perjudicial para la salud emocional y mental de la pareja.

Si la pareja le dice que este comportamiento es hiriente, se pondrá agresivo, se hará la víctima o desestimará los sentimientos de su pareja, como hacían sus padres con él. Con el tiempo, su pareja se comportará como pisando cáscaras de huevo a su alrededor y evitará expresar sus sentimientos por miedo a las agresiones. Estas personas utilizan esta técnica manipuladora en diversos ámbitos de su vida. Por ejemplo, si necesitan ayuda en el trabajo. En lugar de pedir ayuda a su compañero de trabajo, le manipularán, amenazándole con contar sus secretos, haciéndose las víctimas o haciéndolo sentir culpable para que acceda a ayudarles. De hecho, si se lo hubieran pedido educadamente, su compañero de trabajo habría estado encantado de darles una mano. Sin embargo, no conocen una forma mejor de acercarse a la gente o de pedir ayuda. Esto no convierte necesariamente a los manipuladores en víctimas. Pueden trabajar sobre sí mismos y desaprender este tipo de comportamiento si quieren cambiar y dejar de hacer daño a las demás personas.

Un deseo de evitar la conexión

En algunos casos, los manipuladores pueden haber tenido un padre negligente, abusivo o manipulador que nunca les proporcionó amor, y puede que nunca hayan experimentado un apego en su infancia. Crecen queriendo evitar las relaciones, y ahí es donde entra en juego la manipulación.

Estos individuos no tienen interés en desarrollar conexiones reales con la gente. Solo ven a los demás como medios para un fin, objetos que utilizan y controlan para su propio placer o beneficio. Este deseo de evitar una conexión es más común entre las personas con trastorno narcisista de la personalidad. Los narcisistas carecen de empatía y no pueden comprender ni procesar las emociones. Solo velan por sí mismos y por sus sentimientos, sin tener en cuenta a los demás.

Un narcisista evita desarrollar conexiones emocionales o amar a los demás, esencialmente para protegerse a sí mismo. Le resulta más fácil utilizar tácticas manipuladoras, ya que le impide formar cualquier tipo de vínculo con los demás. Lo único que le importa a un manipulador es el poder y ejercer el control. La manipulación le permite hacerlo sin necesidad de apegarse o acercarse a la gente. Los demás no son más que peones en el juego del manipulador.

Miedo al abandono

Algunas personas pueden recurrir a la manipulación por miedo al abandono. Utilizan esta táctica para engañar a sus parejas y evitar que se vayan. Las personas que padecen el trastorno de la personalidad límite suelen temer el abandono. Este miedo puede llevarles a ser egoístas y a recurrir a conductas manipuladoras. Pueden ponerse violentos con los demás, amenazar con autolesionarse o incluso con suicidarse si sienten que un ser querido podría abandonarles. Las personas con trastornos de la personalidad suelen haber tenido una infancia abusiva en la que uno o ambos progenitores les abandonaron o no estaban disponibles emocionalmente. Como resultado, están dispuestos a hacer cualquier cosa para no volver a experimentar este sentimiento. Cuando sienten que un amigo o una pareja puede alejarse de ellos, recurren a la manipulación para mantenerla cerca.

Algunas personas recurren a la manipulación por miedo al abandono
https://unsplash.com/photos/j8a-TEakg78

Se ha mencionado cómo los narcisistas utilizan las mismas estrategias para asegurarse de que sus parejas permanecen en la relación. Un narcisista es débil y vulnerable por dentro, pero nunca lo dejará ver. Siempre tiene miedo al abandono. Esto no significa que se preocupe por la otra persona. Los narcisistas no aman ni forman vínculos emocionales; solo aman lo que los demás pueden hacer por ellos y cómo alimentan su ego.

Manipulación aceptable

La palabra *manipulación* siempre ha tenido una connotación negativa. Pero, como ya se ha explicado, no todas las formas de manipulación son malas. Ciertas normas sociales requieren manipulación. De hecho, puede ser beneficiosa para ambas partes. Por ejemplo, ser amable y simpático con sus compañeros y su jefe puede hacerlo más simpático en el trabajo y ayudarle a avanzar en su carrera. Aunque no le caiga bien su jefe o sus compañeros le resulten molestos, salúdeles con una sonrisa o hágales un cumplido. Esto no le convertirá en un hipócrita. Las sutilezas sociales son necesarias, tanto en la vida personal como en la profesional. A diferencia de la manipulación negativa, no está haciendo daño a nadie ni obligándole a hacer algo que solo le beneficiará a usted. Por ejemplo, un jefe puede decir a sus empleados que empezó de abajo y trabajó duro para levantar la empresa. Sin embargo, esta historia puede ser mentira, y el jefe proceder de un entorno abundante y rico. No hay malicia detrás de esta historia. Simplemente quiere inspirar a sus empleados para que trabajen duro y crean que pueden alcanzar sus objetivos. De hecho, muchos líderes recurren a formas positivas de manipulación para inspirar y motivar a sus empleados, como prometer ascensos o pagas extra si terminan un determinado proyecto a tiempo. Este tipo de manipulación beneficia a ambas partes. Cuando los empleados trabajen duro, la empresa prosperará y ellos obtendrán las recompensas. En pocas palabras, se trata de una situación en la que todos ganan y que suele ser aceptable en la sociedad.

Sin embargo, distinguir entre manipulación positiva y negativa es esencial, sobre todo en el entorno laboral. Por ejemplo, su jefe le pide que vaya a su despacho. Parece enfadado y le dice que está decepcionado de usted. Durante la reunión de hoy, ha compartido buenas ideas. Sin embargo, debería habérselas comentado antes. Como a cualquiera, no le ha gustado escuchar esas ideas por primera vez en la reunión. Luego menciona a otro empleado y dice que él nunca ha compartido una idea sin consultarlo previamente. Usted le dice a su jefe que se trataba de una reunión de lluvia de ideas y que simplemente compartió ideas porque era el propósito de la reunión. Él le dice que usted es nuevo y que acaba de molestar a sus compañeros. Por último, su jefe le dice que intenta protegerlo, que lo hace por su propio bien.

¿Se trata de una manipulación positiva? ¿Es su jefe un líder protector y un mentor? No y no. Su jefe le está manipulando para ejercer poder y control. Le hace sentir culpable por no haber compartido antes sus ideas con él, le compara con otro empleado para avergonzarle, le pone en contra de sus compañeros y le hace creer que es el único que vela por sus intereses. En cambio, un buen jefe se alegraría de que haya tomado la iniciativa, aunque sea nuevo, y le motivará para que siga aportando nuevas ideas. Si tiene alguna crítica, la hará de forma constructiva, sin hacerle sentir mal por sus ideas.

Mercadeo, publicidad y otros incentivos financieros o políticos

El mercadeo, la publicidad y las campañas políticas se basan en la manipulación. De hecho, hay industrias que se basan en manipular a la gente para convencerla de que compre sus productos o vote a un candidato en particular. Piense en cualquier producto que haya comprado al ver un anuncio y se dará cuenta de que lo compró porque esa marca sabía cómo persuadirle para que lo hiciera. Por ejemplo, Coca-Cola se anuncia en todas partes. Ponen anuncios en la televisión, en las redes sociales e incluso en vallas publicitarias. Saben que cuanto más vea su marca, más se vinculará a ella. El algoritmo que utiliza Facebook y los anuncios en las redes sociales es el mejor ejemplo de manipulación. Saben lo que le gusta y se lo ofrecen. Lo mismo ocurre con Amazon. No dejan de enviarle correos electrónicos sobre los productos que ha visto recientemente para persuadirle de que los compre. Nada de esto es ético, pero es lo habitual.

Lo mismo ocurre en los medios de comunicación. Saben qué palabras y tonos utilizar para manipular a la gente. Las noticias pueden exagerar un incidente que, para empezar, no es gran cosa, o restar importancia a uno que sí lo es, por los motivos que sean (cuando deciden hablar de ello, claro). De hecho, durante la reciente pandemia, muchas personas se negaron a vacunarse o a ponerse mascarillas porque sabían que los medios de comunicación tenían una fuerte tendencia a mentir y tergiversar la verdad. Así que, la única vez que advirtieron sobre algo real, ¡la gente les trató como al *pastorcito mentiroso*!

La manipulación de los medios de comunicación y de las redes sociales fue muy clara durante el juicio de Johnny Depp y Amber Heard. Amber Heard escribió un artículo difamando a Johnny Depp, pero dijo que no se trataba de él. Depp acabó perdiendo el trabajo, así que la demandó por difamación. Ambas partes se acusaron mutuamente de maltrato. Los medios se pusieron del lado de Heard y Vogue publicó un artículo titulado «Por qué es hora de creer a Amber Heard». Los medios de comunicación la apoyaron por el simple hecho de ser mujer. Con el movimiento «Me Too» y la cultura popular dominando el debate público, los medios creyeron que esta era la mejor vía. Sin embargo, cuando la gente vio el juicio por televisión y escuchó la versión de Depp, se lanzó a las redes sociales para afirmar que los medios les habían manipulado y que nadie debía creer a Heard. Depp acabó ganando el caso y el jurado demostró que Heard había mentido. Por otro lado, Heard creía que se había desatado una guerra contra ella en las redes sociales y que eso influyó en la opinión que el jurado tenía de ella. Todo este juicio demuestra como el poder de los medios de comunicación y de las redes sociales, pueden construir o destruir la reputación de una persona.

Lo mismo ocurrió durante las elecciones presidenciales estadounidenses de 2016, que enfrentaron a Hillary Clinton y Donald Trump. La cantidad de «noticias falsas» que se difundieron en aquel momento dirigidas a personas concretas influyó enormemente en las elecciones. También se ven continuamente anuncios de políticos jugando con animales o niños para manipular emocionalmente e instar a votar por un determinado candidato.

En última instancia, la manipulación está a nuestro alrededor y siempre lo estará. Hay tácticas manipuladoras en los medios de comunicación y en las redes sociales, en los compañeros de trabajo, amigos y familiares que manipulan para su propio beneficio. Incluso los niños y las mascotas pueden ser manipuladores. Las personas recurren a la manipulación porque es el único comportamiento que conocen o por su tipo de personalidad. Los individuos que eligen la manipulación negativa son peligrosos y solo persiguen sus propios intereses.

Capítulo 4: Técnicas de manipulación que debe conocer

Los manipuladores utilizan innumerables técnicas para controlar a sus víctimas. Algunas son tan sutiles que puede que ni siquiera sea capaz de detectarlas. Hay algunas técnicas comunes a las que recurren muchos de ellos. Identificar estas tácticas y sus señales le ayudará a reconocer si alguien le manipula o cuándo lo hace, algo que se explora con mayor profundidad en este capítulo.

Los manipuladores utilizan el silencio para castigar a sus víctimas
https://unsplash.com/photos/7JTgmu5NXQs

El tratamiento silencioso

Es perfectamente normal que una pareja o dos amigos quieran calmarse después de una discusión intensa o una pelea. A veces, las acciones o palabras de una persona pueden ser tan hirientes que se siente obligado a dar un paso atrás y evaluar su relación con ella en su conjunto. Este comportamiento es aceptable y es una reacción perfectamente normal. Sin embargo, los manipuladores utilizan el tratamiento del silencio para castigar a sus víctimas o como táctica para asustarlas. La diferencia es que una persona sana le aplica el tratamiento del silencio después de una pelea para darse la oportunidad de calmarse. En cambio, una persona maltratadora suele hacerlo durante una conversación o una pelea. Le pone trabas porque no le gusta o no está de acuerdo con lo que usted tiene que decir.

El trato silencioso es una forma de maltrato que está dentro de la subcategoría de comportamientos pasivo-agresivos. Al ignorar a una persona, el maltratador la manipula emocional y psicológicamente. Cuando el manipulador está disgustado con alguien, lo deja fuera y se niega a tener cualquier interacción con él. Aunque vivan bajo el mismo techo, ni siquiera lo reconocerá e incluso puede fingir que no existe. El trato silencioso puede darse en cualquier tipo de relación, ya sea personal o profesional. Su compañero de trabajo, hermano, padre, pareja, amigo o compañero de piso pueden recurrir a esta táctica. Aunque se asocia a menudo con el narcisismo, no significa necesariamente que el manipulador padezca NPD.

Los manipuladores emplean el tratamiento silencioso para quebrar el ánimo de su víctima. Su objetivo es confundirla, avergonzarla, estresarla y hacerla sentir culpable para que ceda a las necesidades del maltratador. Evidentemente, esta táctica puede ser perjudicial para la salud mental y emocional de la víctima, que puede sentirse constantemente estresada y ansiosa y no sabe cómo actuar. En consecuencia, evitará los conflictos con el manipulador y reprimirá sus sentimientos y necesidades por miedo a que vuelva a ponerle trabas.

Ejemplo:

Un amigo le llama y le pide que le lleve al aeropuerto. Le dice que no puede porque le duele la espalda. Al día siguiente le llama, pero no contesta. Lo intenta varias veces más sin éxito. Mira en Facebook y encuentra que él compartió un largo post sobre cómo «La gente solo le decepciona e incluso los más cercanos no están ahí para él cuando más los necesita». Usted empieza a sentirse culpable por decepcionar a su amigo. Aunque le duele la espalda, le envía un mensaje de texto ofreciéndose a recogerle en el aeropuerto cuando vuelva.

En lugar de comprender que no estaba en condiciones de ayudarle, le manipuló, así que al final usted hizo lo que él quería. Una persona sana en esta situación probablemente le diría que no se preocupe y le llamaría más tarde para ver cómo está.

Señales de que ha sido víctima:

- Agresión indirecta en forma de publicaciones en las redes sociales.

- Le oculta sus actividades en las redes sociales o le bloquea.

- Le excluyen de reuniones o eventos sociales.

- Un familiar o padre le ignora o, en algunos casos, le repudia.

- Utilizan a alguien para amenazarle.

- Hacen que le excluyan del trabajo en equipo o de proyectos en el trabajo.

- Muestras de ira no verbales.

Jugar con sus inseguridades

Los manipuladores son expertos en leer a las personas y saber cómo se sienten. Son casi tan buenos como los empáticos, salvo que utilizan sus poderes con fines maliciosos. Estos individuos se enteran de sus inseguridades y miedos y los utilizan para hundirle. Los narcisistas emplean esta táctica con sus víctimas para nunca ser abandonados. Les recuerdan sus defectos utilizando diferentes métodos, como cumplidos indirectos en privado o delante de otras personas. En realidad, estas personas saben en el fondo que no son lo suficientemente buenas y que su pareja o sus amigos les dejarán tarde o temprano. Al recordar constantemente a sus víctimas sus defectos, consiguen manipularlas para que piensen que no son suficientemente buenas y que nadie más las tolerará, y *mucho menos las querrá.*

Las agencias de mercadeo emplean la misma táctica. Utilizan las inseguridades de la gente para vender productos como cosméticos o pastillas para adelgazar. Mire cualquier producto de belleza y verá cómo juegan con las inseguridades de la gente. Su cabello se verá opaco a menos que use nuestro producto. Como se está haciendo vieja y poco atractiva, puede usar esta crema para quitarse las arrugas o, nunca encontrará el amor a menos que adelgace, así que pruebe estas pastillas, etc. Está claro que estos anuncios funcionan y han cambiado los cánones de belleza, ya que ahora hay más gente que nunca obsesionada con su aspecto físico.

Ejemplo:

Siempre ha tenido problemas corporales y lleva una ropa bonita que le hace parecer delgado. Está muy contento con su aspecto. Cuando su pareja le ve, le dice: «Estás muy guapo. Por fin has encontrado un conjunto que no te hace parecer mi tío». Toda la emoción por el nuevo conjunto desaparece y se siente fatal consigo mismo.

Señales de que ha sido víctima:

- Le hacen cumplidos que no vienen al caso.

- Le recuerdan constantemente sus defectos.

- No se siente lo suficientemente bueno.

- Siente que nadie le querrá.

- Aguanta cosas que normalmente no aguantaría.

- No puede defenderse.

- No hace sus cosas favoritas porque le avergüenzan (como comer o llevar determinada ropa).

Reclutar a otros para que ayuden con la manipulación

A veces, el abusador no le manipula directamente; puede hacer que un tercero haga el trabajo por él. Un manipulador no solo juega mentalmente con una víctima. Manipula a todos en su vida. Incluso puede llegar a convencer a la gente de que usted es el maltratador y que él es la víctima. Algunos pueden creerle, simpatizar con él y hacer cualquier cosa para ayudarle. Esto permite al manipulador reclutar gente para ejercer presión social sobre sus víctimas. Al final, se sentirá culpable o avergonzado, lo que facilitará que el manipulador consiga lo que quiere de usted.

Ejemplo

Tiene una madre maltratadora y decide apartarse de ella. Ella cuenta a otros miembros de la familia que lo ha sacrificado todo por usted y que así es como se lo paga. Los miembros de la familia le harán sentir culpable para que se acerque a ella. Puede que incluso le llamen desagradecido o desalmado por alejarse. Por mucho que les explique que es una maltratadora, no le creerán. Ella ya les ha convencido de que es la víctima de un hijo desagradecido. Acabará llamando a su madre por culpa y presión, o se negará y será rechazado por toda su familia.

Señales de que ha sido víctima

- Culpa.

- Vergüenza.

- Presión social para ceder a las exigencias del maltratador.

- Duda de sí mismo.

- Miedo a ser juzgado por los demás si se queja del maltratador.

- La familia o los amigos se vuelven en su contra.

Aprovecharse de su conexión emocional

Los manipuladores pueden ser personas muy encantadoras y saben cómo ganarse el afecto de alguien. Una vez que consiguen que se enamore de ellos, empezarán a utilizar estos sentimientos para ejercer control sobre usted. Algunos padres hacen lo mismo. Utilizan el vínculo emocional que tienen con sus hijos para controlarlos. Un padre puede castigar a su hijo negándole afecto para conseguir que haga lo que él quiere. La víctima de este tipo de manipulación hace cualquier cosa por el manipulador, incluso sacrificar algo que ama, como dejar un trabajo o cortar con amigos íntimos.

Ejemplo

Las relaciones con un maltratador son diferentes. No se toma las cosas con calma. Hay una etapa al principio de una relación que se conoce como «bombardeo de amor». Aquí, el manipulador le colma de gestos románticos exagerados, le llama y envía mensajes de texto todo el tiempo y hace tiempo para verle todos los días. Aunque esto puede ser romántico para algunas personas, este comportamiento suele ser abrumador y puede ser una señal de alarma. Puede que incluso le diga que le ama al principio de la relación. Con ello pretende que usted baje la guardia y acelerar el proceso, para que se enamore de él antes de que muestre su verdadera cara. Una vez que desarrolle una conexión emocional con él, le pedirá que se vayan a vivir juntos, o incluso que se comprometan. Puede parecer impulsivo, pero usted cree que le quieren y todo parece perfecto. Después de que se mude, se le caerá la máscara, pero volverá a la etapa del bombardeo amoroso cada vez que sienta que puede dejarlo para siempre.

Señales de que ha sido víctima

- Un progenitor le castiga negándole afecto.

- Un progenitor le recompensa con afecto.

- Bombardeo amoroso en una relación.

- La relación va demasiado deprisa.

- Su pareja le amenaza con dejarle después de cada discusión.

- Su padre o su hijo le amenazan con no volver a hablarle cuando se pelean.

Bombardearlo con mentiras y negaciones

La mentira es una forma de manipulación que los maltratadores utilizan para atormentar a sus víctimas. Algunos mienten solo para ver si pueden salirse con la suya. No estamos hablando de mentiras pequeñas o piadosas. Pueden crear toda una historia, con tramas y giros, más cautivadora que Juego de Tronos. Son tan profesionales que puede que usted nunca sospeche que no dicen la verdad. Sin embargo, si les pilla mintiendo o se enfrenta a ellos, lo encubrirán todo con otra mentira o negarán las acusaciones. Utilizan la mentira para excusarse, hacerle *gaslighting* o echarle la culpa y poder controlarle. La mentira también sirve para confundir a las víctimas. De hecho, muchas personas en esta situación afirman que no se dieron cuenta de que estaban siendo manipuladas a causa de las mentiras y la negación. Acaban cuestionándose a sí mismas, sin saber qué es verdad y qué no, ya que cada vez que creen haber pillado al manipulador en una mentira, ¡el manipulador inventa una mentira mejor para cubrir sus huellas!

Ejemplo

Su compañero de trabajo está trabajando en un proyecto, pero tiene dificultades y le pide ayuda. Acepta ayudar, pero él le deja todo el trabajo pesado. Usted le dice que su nombre también debería figurar en el proyecto y que deberían presentarlo juntos. Sin embargo, más tarde se entera de que lo ha presentado sin usted. Cuando se enfrenta a él, le dice que no se preocupe, que todo el mundo sabe que trabajaron juntos. Luego se entera de que es mentira, y de que ni siquiera le ha mencionado. Cuando vuelve a enfrentarse a él, le dice la «verdad». Al director no le gustaba el proyecto, así que optó por no mencionar su participación y decidió asumir toda la culpa. Otra mentira. En realidad, a su jefe le encantaba el proyecto y lo aprobó. Si vuelve a enfrentarse a él, le dirá una mentira tras otra y nunca ganará. Puede que usted vaya y le cuente la verdad a su jefe, pero el manipulador la negará con vehemencia.

Señales de que ha sido víctima

- Niega la verdad incluso cuando usted tiene pruebas de que está mintiendo.

- Cubre cada mentira con otra.

- Usted nunca gana cada vez que le atrapa mintiendo.

- Incumple promesas.

- Finge olvidar algo que acordó con usted.

- Da una versión de la verdad en lugar de toda la historia.

- Muchas mentiras «piadosas».

Comportamiento pasivo-agresivo

El comportamiento pasivo-agresivo es extremadamente sutil. Es una forma pobre de comunicar el enfado sin expresar la emoción. Es posible que el manipulador le critique en exceso, se quede en silencio en vez de responderle, utilice un lenguaje indirecto o críptico o se niegue a decirle qué le pasa, aunque se lo pregunte continuamente. Utiliza esta táctica para mantener a sus víctimas adivinando qué han hecho mal. Como resultado, estas cambian su comportamiento para apaciguar al manipulador o ceden a sus exigencias.

Ejemplo

Su pareja no le ayuda en casa, así que se enfrenta a ella. En lugar de entender que trabaja mucho y ofrecerse a aliviarle un poco la carga, hace mal las tareas que le pidió que hiciera. Los platos siguen sucios, se olvida de sacar la basura o de pasear al perro. Cuando le habla de ello, le dice: «Esto es lo mejor que puedo hacer». Su intención es frustrarle para que no vuelva a pedirle ayuda.

Señales de que ha sido víctima

- Le tratan con hostilidad.

- Se quejan constantemente.

- No están dispuestos a cooperar.

- Usted siente que algo va mal, pero insisten en que «no es nada».

- Actúan con resentimiento hacia usted.

Uso de hipérboles y generalizaciones

Las generalizaciones y las afirmaciones hiperbólicas (exageradas) rara vez se ajustan a la realidad y es casi imposible refutarlas. Si los manipuladores utilizan un incidente concreto, puede ser fácil debatirlo. Sin embargo, opta por utilizar acusaciones vagas y exageradas para acorralar a sus víctimas y facilitar su sentimiento de culpa y su control. Esta táctica sirve como distracción cuando se enfrenta al manipulador o le acusa de algo.

Ejemplo

Su madre invita a cenar mañana a unos familiares y le pide que venga a ayudar. Le dice que no puede porque mañana tiene una presentación importante en el trabajo y debe prepararla. Ella se enfada y le dice que nunca la ayuda en nada. Ni una sola vez le ha pedido que haga algo y ha cumplido. Obviamente, no es cierto. Aun así, se siente culpable y acepta ayudarla a costa de su presentación.

Señales de que ha sido víctima

- Acusaciones vagas, a menudo utilizando la palabra «nunca».

- Declaraciones exageradas.

- Le hace sentir culpable con acusaciones falsas y exageradas.

- Usted hace cosas que no quiere porque se siente culpable.

Utilizar el miedo

El miedo es una emoción potente; todo el mundo tiene miedo de algo, ya sea a lo desconocido, a salir herido o al abandono. Como los manipuladores saben leer a las personas, averiguan a qué tienen miedo y lo utilizan en su contra. También hay miedos generales que muchos de nosotros tenemos, como al dolor físico, a los desastres naturales, al dolor, a los ataques terroristas, etc. Los políticos y los vendedores también utilizan esta táctica para conseguir votos o vender productos. Muchos presidentes han ganado elecciones prometiendo a la gente que la protegerán de ataques terroristas o que reducirán los índices de delincuencia en el país. Las agencias de mercadeo utilizan el miedo de la gente a envejecer, a la soledad o a engordar para vender sus productos.

Ejemplo

Usted y su pareja han tenido una gran pelea. Se ha hartado y decide dejarle. Mientras hace la maleta, su pareja sostiene un cuchillo y le amenaza con hacerse daño a sí misma o a usted si se va. Naturalmente, teme por su vida (y/o la de él), así que termina quedándose.

Señales de que ha sido víctima

- Camina como si hubiera cáscaras de huevo a su alrededor.

- Siempre tiene miedo (de que su jefe le despida, su pareja le deje o sus padres se pongan violentos con usted).

- Siempre hay una amenaza directa o indirecta de violencia.

- Hace todo lo que le dicen por miedo.

- Tiene miedo de marcharse.

Cambiar los criterios

El cambio de criterio, también conocido como *cambiar las reglas,* es una técnica de manipulación que se basa en humillar a la víctima. Esta táctica hace que la persona sienta que es insuficiente y que nunca está a la altura de las expectativas del manipulador. Haga lo que haga, fracasará, porque no dejan de cambiar los criterios que se supone que debe cumplir y las expectativas del manipulador aumentan constantemente. Incluso cuando consiga algo, le restará importancia y le hará sentir que es insignificante. Quiere destruir la autoestima de su víctima para ejercer fácilmente su poder sobre ella. Quizá en el fondo sepa que es mejor que ellos, o carece de autoestima y la única forma de sentirse bien consigo mismo es hundiendo a la gente. Muchos acosadores también utilizan esta técnica.

Ejemplo

Su pareja se queja de que su trabajo le quita todo el tiempo y nunca puede verle. Acuerdan dedicar una noche a la semana solo para ustedes dos. Al cabo de un par de semanas, le dice que una noche no es suficiente y que está claro que a usted no le importa su relación. Haga lo que haga, aunque deje su trabajo, nunca será suficiente para él, porque sus expectativas seguirán aumentando.

Señales de que ha sido víctima

- Nunca aprueban nada de lo que hace.
- No validan sus sentimientos.
- Nunca están satisfechos con nada de lo que hace por ellos.
- Nunca sienten que es lo suficientemente bueno.
- Le hacen sentir que sus logros son insignificantes.

Cambiar de tema

Cambiar de tema durante una conversación puede ser inocente, pero cuando un manipulador lo hace, suele haber malicia detrás. Cuando se enfrenta a un manipulador, él siempre encuentra la manera de desviar la atención y cambiar de tema. Puede que le dé la vuelta a la situación y le acuse directamente. Emplea esta técnica porque nunca quiere tener que rendir cuentas de sus actos. Nunca podrá terminar una conversación sobre su comportamiento ni conseguir que entienda su punto de vista. Se frustrará y la discusión le parecerá inútil. Al final, usted dejará de sacar a relucir sus acciones hirientes, que es precisamente lo que el manipulador quería.

Ejemplo

Su madre le dice que echa de menos a su hermano y que hace un año que no la visita. Llama a su hermano para decirle que su madre le echa de menos. En lugar de explicarle sus razones, él arremete contra usted: «¿Y tú? No visitaste a tu padre ni una sola vez cuando estaba en el hospital». Usted le dice que eso no es cierto, que sí visitó a su padre algunas veces, y él responde con «... pero no todos los días como yo». Se encuentra explicándole que estaba en la universidad y no podía ir y venir todos los días. Termina la llamada sintiéndose frustrado, ¡y no ha recibido ninguna explicación de su hermano sobre por qué no ha visitado a su madre en todo este tiempo!

Señales de que ha sido víctima

- Cambian de tema durante las discusiones.
- Le hacen sentir culpable.

- Le distraen del tema principal.

- Siente que la conversación no va a ninguna parte.

- Siente que no le escuchan y que no validan sus sentimientos.

- Se siente frustrado después de cada enfrentamiento con él.

- Un simple comentario sobre sus acciones puede convertirse en una pelea.

- Deja de enfrentarse a sus problemas porque cree que no tiene sentido.

Los manipuladores son individuos bastante inteligentes. Son depredadores que vigilan constantemente a sus presas para conocer sus miedos y debilidades. Las técnicas que utilizan pueden tener un impacto considerablemente negativo en su salud mental y su bienestar emocional. Reconocer estas tácticas es el primer paso para defenderse y evitar que este comportamiento destructivo afecte su vida.

Capítulo 5: Tácticas aterradoras de persuasión

Las tácticas de persuasión se utilizan constantemente para comercializar y vender servicios y productos. Aunque esta práctica suena normal e inocente, puede ser bastante manipuladora y perjudicial. A muchos nos gusta pensar que somos impermeables a la publicidad. Dicho esto, los anuncios y la publicidad están diseñados para influenciarnos y convencernos de tomar una decisión.

Los anuncios están diseñados para influenciarnos
https://www.pexels.com/photo/street-lights-802024/

Cuando estamos expuestos a los anuncios, inconsciente o conscientemente nos formamos una opinión sobre los productos, servicios y marcas que vemos. Incluso puede que nos preguntemos por qué existe ese producto o servicio. Sin embargo, los anuncios ya no están pensados para incitar a los consumidores a comprar inmediatamente.

Los anuncios modernos no están diseñados para informar sobre un producto. Están ahí para colocar una idea en su mente y que usted se forme una opinión sobre la marca. Si le gusta la marca, comprará lo que vende. McDonald's, que goza de un reconocimiento casi universal, sigue haciendo publicidad por este motivo. En este capítulo analizaremos las tácticas de persuasión más habituales de las que somos objetivo a diario.

Efecto de exposición pura

Hoy en día, los profesionales del mercadeo utilizan dos técnicas psicológicas principales en sus anuncios. La exposición es uno de ellos. Este tipo de mercadeo consiste en utilizar campañas de saturación a gran escala para cultivar sentimientos positivos hacia una marca o un producto. El reconocimiento de marca es uno de los principales objetivos de los esfuerzos de mercadeo de las grandes marcas en los sectores de la alimentación y las bebidas.

Entonces, ¿por qué una marca bien posicionada invierte tanto en publicidad cuando su nombre ya está en el mercado? La respuesta es sencilla: mentalidad popular. Todos queremos sentir que formamos parte de un grupo o pertenecemos a una comunidad. Si algo nos parece popular, naturalmente queremos unirnos. Es una decisión cómoda y fácil que nos permite mezclarnos con lo que es socialmente aceptado.

Ejemplos

La psicología del consumidor es la base de este método. Cuando compramos algo de una entidad conocida, nos ayuda a sentirnos seguros. Si la marca es reconocida y mucha gente confía en ella, entonces debe ser digna de confianza. Por eso solemos comprar los productos de marca en lugar de los genéricos en el supermercado. Estamos dispuestos a pagar un poco más por una marca en la que confiamos, aunque no sea mejor que sus competidores menos conocidos.

En este mismo sentido, un medicamento genérico tiene la misma composición de ingredientes que uno de marca. A pesar de su precio más elevado, preferimos comprar la marca popular para sentirnos seguros como consumidores y como personas.

Condicionamiento clásico

En mercadeo, el condicionamiento clásico es otra técnica psicológica habitual con la que las marcas se relacionan a sí mismas con sentimientos o reacciones específicas. Recompensar un comportamiento es una táctica clásica del condicionamiento clásico. Un ejemplo es una tarjeta perforada con la que se obtiene un café gratis después de gastar cierta cantidad en una tienda.

Se logra el objetivo cuando asociamos determinados productos o servicios con un sentimiento o emoción. Con el condicionamiento clásico, tomando como ejemplo la situación anterior, si se le recompensa con un café gratis, usted empezará a asociar la marca con la sensación de felicidad de obtener algo gratis por la compra del café. Con el tiempo, el acto de comprar café desencadenará esta sensación positiva, y puede que ni siquiera tenga que ser recompensado nuevamente para que la sensación persista.

Ejemplos

Los concesionarios de coches suelen utilizar el condicionamiento clásico a través de las imágenes con las que presentan sus productos. Gran parte de la publicidad que se ve no tiene que ver con las características del vehículo, sino con una sensación o emoción que el auto hace sentir. A menudo vemos a personas atractivas conduciendo un coche e inconscientemente asociamos ese atractivo con el propio vehículo. Si conducimos ese coche, suponemos que nosotros también seremos atractivos.

Después de ver varios anuncios, nos fijamos más en el estilo de vida que viene con el vehículo que en el vehículo en sí. Si hay una celebridad de por medio, nos sentimos aún más atraídos por la imagen de fama y riqueza a la que aspiran muchos.

Beats, una importante empresa tecnológica, lanzó sus auriculares con una campaña perfecta. Mostraban la vida que se podía vivir con los auriculares más que los auriculares en sí (que muchos dicen que son mediocres comparados con los auriculares de gama alta del mercado). Sin embargo, son una de las marcas de auriculares más vendidas.

El apoyo de famosos es una de las razones por las que Beats tiene una representación tan alta en el mercado. Además, el producto se comercializa como una muestra de estar a la moda más que como un producto funcional: póngaselos y se verá guapo, ¡aunque su música no suene tan bien!

Técnicas de persuasión usadas comúnmente

Escrito en 1984 por Robert B. Cialdini, «La psicología de la persuasión» es una lectura obligada para cualquiera que trabaje en mercadeo o publicidad y esté interesado en optimizar las ventas. Cialdini identificó el concepto de «influencia» basándose en seis principios fundamentales:

- Escasez.
- Reciprocidad.
- Gusto.
- Autoridad.
- Compromiso y coherencia.
- Prueba social.

Con la llegada del mercadeo y los efectos de las técnicas persuasivas en la psique humana, estos principios se han actualizado para adaptarse a las prácticas de mercadeo modernas. Dado que el mercadeo gira en torno a la conversión, tiene sentido que las empresas empleen estas tácticas. En pocas palabras, una conversión se produce cuando una persona responde a un llamado a la acción después de recibir un mensaje de publicidad. En otras palabras, la conversión del consumidor es la forma en que las marcas realizan las ventas. Los consumidores que visitan su sitio web o ven los anuncios de sus productos se convierten en compradores a través de la persuasión.

El pie en la puerta

Según esta estrategia, aceptar un llamado pequeño aumenta la posibilidad de obedecer a otro más grande en el futuro. Una vez que se consiente una demanda pequeña, rechazar una mayor se hace más difícil.

Supongamos que uno de sus compañeros faltó a clase de inglés la semana pasada y quiere utilizar sus apuntes. En respuesta a una demanda modesta, le presta generosamente sus apuntes, considerándolo una petición justa. Poco después, le pide copiar su trabajo. ¿Estaría dispuesto a aceptar este requisito más exigente?

La coherencia es la clave de la técnica del pie en la puerta. Para que el método funcione, la solicitud debe ser equivalente o estar en consonancia con la pequeña petición inicial.

Ejemplo

En la década de 1980, el investigador en psicología S. J. Sherman llevó a cabo un experimento sobre el conformismo. Sherman y su equipo preguntaron a los residentes del estado de Indiana si estarían dispuestos a ofrecerse como voluntarios durante tres horas para recaudar fondos para la Sociedad Americana contra el Cáncer.

Otra persona se puso en contacto con las mismas personas unos días después y les pidió ayuda para la organización. Los encuestados se mostraron dispuestos a ayudar tras la consulta inicial y el 31 % dijo que lo haría. Este porcentaje es significativamente mayor que el 4 % al que se pidió ayuda antes de haberse ofrecido como voluntario en el experimento inicial.

Puerta en la cara

En esta táctica, los persuasores hacen una gran petición que los encuestados probablemente rechacen para luego persuadirles de que accedan. Como resultado, es probable que acepten una propuesta más moderada después de rechazar una petición grande. En la siguiente petición, la persona se siente obligada a aceptar porque no quiere parecer poco razonable. Un ejemplo es pedir a su jefe un aumento de sueldo. La primera petición que hace es del 25 %, que no es factible. Sería más razonable pedir un 10 % o un 15 %.

Ejemplo

A los sujetos del estudio de Cialdini de 1975 se les preguntó si se unirían a un grupo de delincuentes juveniles en el zoológico. La mayoría se negó (grupo 1). En el grupo 2, se pidió a los individuos que aconsejaran a los delincuentes juveniles y la mayoría se negó. En el experimento, se pidió a las personas que fueran consejeras antes de pedirles que les acompañaran al zoológico. El 50 % del grupo aceptó.

Los estudios indican que la estrategia de la puerta en la cara tiene más éxito cuando la demanda la hace el mismo individuo y el esfuerzo que implica es comparable. Este método requiere reciprocidad para ser eficaz. Cuando niega una demanda importante, la persona puede sentirse obligada a ayudar al demandante de otra manera.

Anclaje

Nuestra toma de decisiones se ve afectada por el anclaje, que es un sesgo cognitivo. Por ejemplo, nuestra primera impresión del precio de un producto influye mucho en nuestra decisión de compra. Un precio de 130 dólares se convierte en un «ancla» o punto de referencia si leemos: «Precio normal: 130 dólares». Esa ancla determina nuestra percepción del valor. Una oferta se vuelve más o menos atractiva a medida que su precio se aleja de los 130 dólares. Los vendedores lo saben, por eso suelen anunciar «precios de catálogo» muy altos para sus productos: el precio de catálogo fija el precio de venta.

Los vendedores suelen llevar esta técnica al extremo en los infomerciales de televisión. Se hacen múltiples reducciones del elevado precio inicial, a veces de hasta el 30 %. Sin embargo, hay más: ponen el anclaje muy elevado y luego completan su campaña con un llamado a la acción. Este llamado suele implicar la compra de un producto y la obtención de otro gratis. Además, hay un plazo corto («la oferta termina pronto» o «existencias limitadas»).

Aunque esta técnica es hortera y obvia, los vendedores siguen utilizándola, porque funciona. Aunque sabemos que nos están engañando, la oferta parece demasiado buena para dejarla pasar. El ancla es el punto de partida para hacer creer que esas gafas de sol se vendían realmente por 240 dólares. En lugar de eso, ahora hay dos pares disponibles por menos de 50 dólares. Así que, cuando encuentre una oferta de «compre uno y llévese otro gratis», tenga en cuenta el coste real.

El anclaje no se limita a los precios sospechosos de los infomerciales. Explica por qué nuestras respuestas están tan influidas por la forma en que se formulan las preguntas cuando se nos pide algo.

Ejemplo

Según los psicólogos Tversky y Kahneman, los atajos mentales (sesgo cognitivo) permiten a las personas resolver problemas y emitir juicios con rapidez y eficacia. Son estrategias rápidas, pero falibles, que la gente utiliza a diario para tomar decisiones. En el pasado, la lógica y la probabilidad se consideraban la esencia del pensamiento racional, por lo que el descubrimiento de los sesgos cognitivos tuvo una gran importancia.

Tversky y Kahneman estudiaron el pensamiento cognitivo pidiendo a los sujetos de prueba que calcularan cuántas naciones africanas eran miembros de las Naciones Unidas. Pero antes, fijaron un ancla preguntando a los participantes lo siguiente:

- ¿Supera o es inferior al 65 %? O

- ¿Supera o es inferior al 10 %?

Los resultados fueron muy reveladores. En conjunto:

- El primer grupo estimó un 45 %

- El segundo grupo estimó un 25 %.

Compromiso y coherencia

Según esta técnica, nos mueve una profunda necesidad de ser considerados coherentes. En consecuencia, una vez que nos comprometemos con un proyecto o una persona, estamos más inclinados a cumplir nuestros compromisos (coherencia). Unas creencias y valores coherentes son importantes para ser aceptados en la sociedad, ya que la imagen de uno mismo está asociada con la responsabilidad. Los vendedores utilizan esto para aumentar las ventas.

Es más probable que los consumidores se conviertan en clientes cuando reciben un producto gratis. Un cambio de perspectiva fomenta los tratos posteriores, del mismo modo que el enfoque del pie en la puerta fomenta los tratos relacionados con el dinero.

Hay muchas formas de aplicar el principio de compromiso y coherencia a las tácticas de persuasión. De este modo, el persuasor motiva a los clientes para que sigan comprometidos con su producto o servicio y se sientan obligados por su deseo innato de coherencia.

Ejemplo

Un ejemplo sorprendente de este principio en acción se encuentra en muchos sitios web de mercadeo que venden sus servicios en línea. Por ejemplo, un mensaje emergente que le invita a inscribirse en un taller gratuito en el sitio web, donde el siguiente paso es simplemente introducir una dirección de correo electrónico.

Cuando se felicita a los niños por sus logros y su duro trabajo, es más probable que sigan esforzándose por alcanzar la excelencia. Del mismo modo, cuando se cree que una persona sabe mucho de política, es más probable que participe en conversaciones de política, aunque no tenga interés real en el tema.

Prueba social

La prueba social es lo que la gente hace basándose en la observación de los demás. Esto se debe a que, para la mayoría, no hay nada más satisfactorio que ser validado por los demás. Se puede ver en la práctica cuando sus amigos eligen una determinada página de TikTok como la más divertida. Es el fenómeno de la prueba social en el que «todo el mundo lo cree, así que debe ser verdad».

En la mayoría de los grupos sociales, la mentalidad de grupo prevalece en un alto grado. Independientemente de que todo el mundo esté de acuerdo con la idea, basta con que alguien la mencione para que todos se sumen a ella. La gente sigue el ejemplo de sus iguales a la hora de tomar decisiones y actúa de forma similar. Por ejemplo, es más probable que trabaje hasta tarde si sus compañeros lo hacen. Cuanta más gente visite un restaurante nuevo en la ciudad, más probabilidades hay de que usted decida probarlo. Este principio tiene un impacto aún mayor si su confianza es escasa o si tiene cosas en común con el grupo.

Ejemplo

Una de las formas más poderosas de utilizar la prueba social es a través de la llamada «sabiduría de la multitud». En este proceso, los juicios independientes se combinan estadísticamente para lograr el juicio final más preciso. Tomemos como ejemplo cualquier página de redes sociales. Las páginas incluyen la opción de «me gusta» o «corazón» a una publicación, foto, artículo, producto o servicio. Esto indica que se está de acuerdo o se aprecia lo que ve. Cuantos más «me gusta», más se considera válido y digno de confianza.

Autoridad

La mayoría de nosotros hemos sido condicionados a ceder ante la autoridad. Si alguien está en una posición de autoridad, asumimos que debe haber trabajado duro para llegar ahí. Y si complacemos a las personas con autoridad, nos sentimos realizados. Además, cuanto mayor es la autoridad, más complacientes tendemos a ser. Las empresas suelen sacar partido de este hecho para que los consumidores se sientan más seguros y recompensados. Se trata entonces de la tendencia a seguir los consejos de personas con autoridad, como profesores, policías, médicos, dirigentes gubernamentales, abogados y otros.

Ejemplo

El psicólogo Leonard Bickman realizó tres experimentos para probar el poder de los uniformes. Su objetivo era determinar si los factores situacionales afectan a la obediencia cuando en el escenario está presente una figura de autoridad uniformada. En una de las situaciones, un guardia de seguridad informa a los participantes que un hombre tiene problemas para encontrar cambio en un parquímetro, y les sugiere que se acerquen a él con algo de dinero. Según el estudio, el 92 % de los participantes lo hizo. Esta cifra descendió drásticamente al 42 % cuando el mismo solicitante vestía de civil. Este es un ejemplo típico del principio de autoridad en acción.

Señales de que ha sido objeto de tácticas de persuasión

La persuasión puede utilizarse con muchos fines, como vender productos y servicios o persuadir a otros para que acepten un determinado punto de vista. Para persuadir a su público, los políticos también utilizan técnicas de persuasión. El poder del lenguaje persuasivo reside en la capacidad de alcanzar objetivos. Las personas persuasivas suelen mostrar los siguientes rasgos:

- Una personalidad fuerte y segura que los demás siguen.
- Su personalidad es magnética e inspira entusiasmo en los demás.
- Suelen trabajar en la abogacía, las relaciones públicas, la atención al cliente, las ventas, etc.
- Exponen sus opiniones e ideas con encanto y confianza.
- No les importa insistir en un tema que otros dudarían en discutir y hacen lo necesario para transmitir su punto de vista.

Estas personas destacan a la hora de persuadir a los demás para que sigan su agenda, independientemente de cómo lo hagan. Estas son algunas de las técnicas de persuasión más comunes, junto con un ejemplo ilustrativo:

Técnica de persuasión	Ejemplo
Utilización de datos objetivos, como cifras y estadísticas.	«El 70 % de la gente está de acuerdo en que esto mejoraría su barrio».
Técnica de los tres puntos para apoyar un argumento.	«Para usted, sus amigos y su familia, unas calles más seguras significan tranquilidad, confort y seguridad».
Uso de pronombres personales como «yo», «tú» y «nosotros».	«En última instancia, todo esto depende de ti, y estaremos a tu lado en cada paso del camino. Muchísimas gracias. No puedo expresar lo agradecido que estoy».
Presentar opiniones personales como hechos.	«Las películas son mucho mejores que los libros».
Elogios.	«Una persona inteligente como usted se merece algo mucho mejor».
Preguntas retóricas.	«¿Hay alguien que no desee el éxito?»
Utilizar el lenguaje para suscitar emociones.	«Nuestro egoísmo y desprecio por la bondad han hecho sufrir a miles de animales».
Utilizar un lenguaje autoritario.	«Forme parte de nuestro equipo y descubra nuevas formas de ganar dinero».
Inflar las cualidades de un producto o de una persona.	«Le dejará boquiabierto, ¡es realmente espectacular!».

Los comunicadores persuasivos utilizan diversas tácticas para conseguir que su público objetivo responda. Por supuesto, algunas son más obvias que otras. Aun así, todas tienen algo en común: buscan persuadirnos para que hagamos algo que, en última instancia, beneficia al persuasor. Recuérdelo la próxima vez que sienta la tentación de comprar un producto de marca o de creerse el discurso de un candidato político. El lenguaje persuasivo es una poderosa herramienta que la gente utiliza en su beneficio todo el tiempo, por lo que es importante estar atento a esos intentos que buscan influenciarnos de una forma u otra.

Capítulo 6: La psicología inversa en acción

En la psicología inversa, se manipula a las personas para que hagan algo induciéndolas a hacer lo contrario. Varios enfoques de la psicología inversa individual incluyen restringir un objetivo, cuestionar la capacidad de la persona para llevarlo a cabo y fomentar la toma de la decisión opuesta.

La psicología inversa consiste en manipular a las personas para que hagan algo induciéndolas a hacer lo contrario

https://www.pexels.com/photo/upset-young-woman-touching-face-in-darkness-7366424/

Esencialmente, el objetivo es apoyar un comportamiento que es diferente del resultado deseado. Es un intento de conseguir que la otra persona realice lo que se desea recomendándole un comportamiento que en realidad no se desea. Por ejemplo, una madre puede utilizar la psicología inversa para convencer a su competitivo pero perezoso hijo adolescente de que le ayude a pintar la valla del jardín diciéndole: «No importa, lo haré yo. De todas formas, yo pinto mejor». Por lo general, la persona a la que se dirige esta táctica no tiene conocimiento ni conciencia de lo que está ocurriendo y puede que ni siquiera sea consciente de los verdaderos motivos de la otra persona.

Hay innumerables situaciones en las que se utiliza la psicología inversa, por lo que es importante entenderla. Se puede utilizar para manejar o manipular el comportamiento de otra persona para conseguir que haga lo que el manipulador quiere. Por ejemplo, y de acuerdo con el capítulo anterior, la psicología inversa es una técnica de mercadeo muy utilizada por las empresas para conseguir que los clientes compren sus productos o servicios. Y siempre caemos en la trampa. Afortunadamente, puede evitar que le manipulen si sabe cómo lo hacen.

Mercadeo manipulador

La psicología inversa como técnica de complacencia logró furor en una reciente investigación de The Marketing Review. El artículo examina la relación entre el mercadeo contemporáneo y las tácticas de psicología inversa. En el mercadeo moderno, las técnicas de psicología inversa implican tácticas de campaña únicas y misteriosas que dejan a los consumidores indignados o perplejos, provocando que quieran más:

- Dirigiéndose a un determinado segmento del mercado y excluyendo a otro (por ejemplo, la campaña de la tableta de chocolate Yorkie «No apta para chicas» de Nestlé).

- Promocionando un producto entre los consumidores con un efecto disuasorio sorprendente (por ejemplo, la campaña de Little Caesar «No visite nuestro sitio web» y «No llame a este número»).

Este método está respaldado por el artículo mencionado, que confirmó, a través de la investigación, que cada vez más empresas utilizan tácticas innovadoras en ventas, publicidad y planificación de productos. Estos métodos contradicen los principios convencionales del mercadeo. Por ejemplo:

- Escaparates cerrados.

- Una selección limitada de artículos y publicidad poco comercial.

- Tiendas sin nombre.

- Marcas que se centran descaradamente en el producto en lugar de en el consumidor.

- Productos cuya cantidad se limita intencionalmente.

Los clientes, que suelen estar cansados de los medios de comunicación y son indiferentes a las estrategias de mercadeo, parecen más dispuestos a participar en estos enfoques. Además, estas nuevas tácticas de mercadeo tienen un gran eco entre las generaciones más jóvenes, que son menos proclives a aceptar las extravagantes afirmaciones de los vendedores.

¿Cómo funciona?

La psicología inversa es un tipo de persuasión en la que el persuasor aconseja a alguien que actúe de forma exactamente opuesta a la deseada. El propósito de esta técnica es hacer más probable que la persona actúe de la manera deseada, engañándola para que piense que no debe hacerlo. Tomemos algunos ejemplos cotidianos:

- Conseguir que los niños se coman las verduras:

«Si no te acabas las zanahorias, no crecerás».

- Manipular a un empleado para que venga a trabajar en un día libre:

«No se preocupe por venir mañana; tengo a mis mejores chicos para ayudarme».

- Un vendedor intenta que compre un artículo caro:

«Mejor váyase, porque no puede pagarlo».

La mayoría de las personas han sido víctimas o han perpetrado la psicología inversa en algún momento de su vida, aunque no fueran conscientes de ello.

Cómo funciona la psicología inversa

Una de las principales razones por las que la psicología inversa funciona es la teoría de la resistencia de Jack Brehm. Propuso una teoría sociopsicológica que explica cómo reaccionan los individuos cuando se les restringe su libertad de elección. Prefieren afirmar su independencia haciendo lo contrario de lo que se les propone cuando se sienten presionados a hacerlo. Los expertos dicen que es más probable que la psicología inversa funcione en quienes quieren tener el control. Las personas con personalidad de tipo A, rebeldes o narcisistas, son algunos ejemplos. Las personas que son agradables por naturaleza tienden a hacer lo que se les dice de todos modos, por lo que es menos probable que sean presa de la psicología inversa. Quienes toman decisiones basadas en las emociones tienden a caer en la «trampa» más fácilmente que quienes piensan antes de tomar una decisión.

Sin embargo, algunos psicólogos sostienen que la eficacia de esta técnica depende más de la dinámica de las relaciones que del tipo de personalidad. Quienes luchan contra la individualidad y la autosuficiencia pueden encontrar eficaz este fenómeno, porque sienten que siguen resistiendo al hacer lo que se les prohíbe.

Se cita como ejemplo al fundador de Wikileaks y denunciante Julian Assange:

- Le dijeron que parara.

- No lo hizo.

- Fue amenazado por países poderosos.

- A medida que recibía más amenazas y advertencias, las desafiaba y se convertía en mártir.

- Si le hubieran animado a seguir, su compromiso no habría sido tan grande.

La psicología inversa funciona bien con personas de naturaleza argumentativa. Además, las personas pueden estar en desacuerdo con otras en términos generales o con situaciones o personas concretas. En la psicología inversa, las personas buscan la autonomía para sentirse en control cuando se les presiona para comportarse de una manera determinada. En algunos casos, esta técnica de manipulación también puede utilizarse como forma de venganza.

Ejemplos de psicología inversa

La mayoría hemos experimentado la psicología inversa de una forma u otra. A veces es obvio que nosotros (u otra persona) utilizamos la psicología inversa, aunque no se utilice el término. El uso de la psicología inversa también fue estudiado por varios investigadores en la jornada académica de 2015 «Consumer Neuroscience: Applications,

Challenges, and Possible Solutions». La evidencia muestra que esta táctica de manipulación se utiliza con bastante liberalidad e intencionadamente en las relaciones, las ventas, la enseñanza, el mercadeo, etc.

Psicología inversa en la enseñanza

La psicología inversa puede motivar a los alumnos a investigar temas difíciles. Los profesores que quieren que sus alumnos aprendan algo que no está en el programa del curso pueden tener más éxito si sugieren que la información está fuera del alcance de las capacidades intelectuales de sus alumnos o que les ayudará a obtener una mejor nota.

Psicología inversa en las ventas

La psicología inversa es la base de varias estrategias de venta. Para empezar, un vendedor hace una propuesta demasiado agresiva. Bajo el pretexto de fingir que se preocupa por la asequibilidad, el vendedor se niega a vender el producto al consumidor. Suele hacer una oferta más pequeña, más probable de ser aceptada por el consumidor, para hacerlo sentir menos presionado o más a gusto.

Empezando con una elaborada descripción de un televisor de alta tecnología, el vendedor no para de hablar de su diseño vanguardista, su *software* super rápido y sus múltiples funciones. Sin embargo, tras hablar del precio y decir que está fuera de su alcance, el vendedor le señala un modelo más asequible, que usted compra de inmediato porque le parece una opción más adecuada. En realidad, este otro modelo es el producto que le estaban vendiendo todo el tiempo.

Psicología inversa en la crianza de los hijos

La crianza de los hijos es, sin duda, una de las responsabilidades más difíciles de la vida. Para ser padres de éxito, debemos adaptarnos para encontrar estrategias que guíen el comportamiento de nuestros hijos sin obstaculizar su crecimiento como individuos autosuficientes. A veces, la idea que tienen los niños de lo que es correcto puede entrar en conflicto con lo que es mejor para ellos. Cuando esto ocurre, el padre y el hijo pueden encontrarse en desacuerdo.

Muchos padres utilizan la psicología inversa para ayudar a sus hijos a decidir lo que es mejor para ellos. Un niño que se niega a hacer los deberes es un ejemplo de ello. A pesar de las exigencias de los padres, el niño puede sentirse presionado a cumplir con algo que no está dispuesto a hacer. Sin embargo, si los padres convencen a su hijo de que hacer los deberes es algo que solo hacen los adultos inteligentes, y que los niños no pueden hacer, el niño puede caer en la tentación de sacar sus cuadernos y terminar los deberes. Se habrá convencido a sí mismo de que, después de todo, es lo que más le conviene.

Psicología inversa en las relaciones

Aplicar la psicología inversa puede ser perjudicial para cualquier relación. Conseguir lo que quiere a costa de su compañero es manipulador. Por ejemplo, en lugar de pedirle que le acompañe al supermercado, le sugiere que mejor no vaya porque la multitud puede ser demasiado para él.

No se recomienda utilizar la psicología inversa para controlar a un cónyuge, ya que puede resultar contraproducente. Su pareja puede perder la confianza en sus palabras y frustrarse si cree que está intentando manipularla. Utilizar la psicología inversa con demasiada frecuencia también puede ser problemático. En lugar de resistirse, su pareja puede creer lo que usted dice. En el ejemplo anterior, puede que su compañero deje de acompañarle al supermercado. Otro efecto secundario no deseado es que puede perder la confianza en sus propias capacidades.

Utilizar la psicología inversa es emocionalmente destructivo para conseguir lo que quiere. Hay formas mucho más sanas de comunicar sus necesidades en una relación. Por eso, la psicología inversa es una táctica eficaz, pero de manipulación emocional. Consigue que la otra persona cumpla sin tener que pasar por una conversación difícil.

La psicología inversa y su impacto

La psicología inversa tiene ventajas y desventajas. Puede ser una forma eficaz de persuadir a las personas para que adopten comportamientos beneficiosos. Por ejemplo, decirle a un amigo que no tome tantas bebidas azucaradas puede motivarlo a beber más agua, dándole así una sensación de autonomía sobre su propia decisión. Cuando intenta fomentar un comportamiento socialmente más aceptable en alguien a quien no le gusta la forma común de hacer las cosas, prohibirle hacer lo que quiere puede ser eficaz para evitar un comportamiento socialmente inaceptable.

Aunque la psicología inversa puede ser una estrategia de persuasión muy eficaz, también puede hacer que la gente se sienta manipulada. Emplear constantemente este método para persuadir a alguien puede hacer que sienta que no puede confiar en usted, sobre todo si piensa que siempre lo utiliza para engañarle. Además, esta táctica puede no ser la mejor opción si trabaja con alguien con baja autoestima. Según informan los académicos de investigación MacDonald, Nail y Harper, quienes padecen una baja autoestima tienden a dar más crédito a las opiniones de los demás que quienes la tienen alta. Por lo tanto, si defiende algo que en realidad no desea, este enfoque puede tener el efecto contrario.

Cómo se utiliza la psicología inversa

En la práctica, la psicología inversa se emplea de las siguientes maneras:

- Cuestionando la capacidad de alguien para realizar una actividad: «Probablemente no será capaz de hacerlo».

- Diciendo cosas negativas sobre una afición: «Es tan mala; ¿quién querría hacer eso?».

- Prohibir un comportamiento: «No lo hagas».

- Desalentar un comportamiento: «No deberías hacerlo».

- Predecir que la persona abandonará algo: «Probablemente no lo harás de todos modos».

La psicología inversa puede utilizarse para controlar y calmar la inclinación a la rebeldía de alguien, independientemente de su edad. Pero también puede utilizarse para un bien mayor. En el mismo artículo de MacDonald, Nail y Harper, la investigación sugiere que la psicología inversa puede servir como táctica de influencia. Además, este método refuerza la independencia como componente clave para ayudar a las personas a optimizar sus capacidades y tomar sus propias decisiones en todos los aspectos de la vida, a pesar de su resistencia. La psicología inversa es beneficiosa para vencer la resistencia a comportamientos que repercuten negativamente en el bienestar de una persona. La mejor manera de guiar a alguien en la dirección correcta es entablar con él una conversación estratégica. Este enfoque fomenta la individualidad, al otorgar a las personas un sentido de autonomía.

Utilizando la psicología inversa, puede hacer una pregunta o sugerir la manera opuesta de comportarse a la que quiera que la persona ceda. Puede que le preocupe la salud de un ser querido que se resiste a modificar su dieta y su rutina de ejercicios. En lugar de decirle que debería cuidarse más, dígale que solo él sabe qué es lo mejor para sí mismo: «¿Qué cambios harías en tu dieta y en tu rutina de ejercicios para sentirte mejor y tener más energía?».

Así, refuerza la independencia de su ser querido, animándolo a tomar sus propias decisiones. Le ha dado poder al animarlo a considerar lo que cree que podría ser bueno para él.

Aspectos a tener en cuenta

La psicología inversa puede aplicarse de diversas maneras y en muchas situaciones puede ser beneficiosa. Por ejemplo, para persuadir a una persona rebelde de que actúe, puede prohibirle desafiar a las figuras de autoridad. Alternativamente, si quiere que alguien apoye su postura, pero siempre se opone a lo que dice, usted puede expresar su apoyo a la postura opuesta a la suya, siempre que pueda estar seguro de que él defenderá entonces su verdadera postura.

Paralelamente, las acciones que hacen que la otra persona actúe de forma contraria a lo que usted quiere serán contraproducentes. Por ejemplo, puede presentar su opción preferida de forma negativa y esperar que eso persuada a alguien de elegirla sobre cualquier otra alternativa. Si quiere que la psicología inversa funcione, tendrá que evaluar con frecuencia si debe presentar su opción preferida de forma negativa o evitarla hasta el punto de alienar a la otra persona.

Siempre que sea posible, la psicología inversa debe aplicarse sutilmente y evitando llamar la atención de la otra persona. Como es lógico, la psicología inversa fracasa en la mayoría de los casos cuando la persona a la que intenta persuadir se da cuenta de lo que intenta. Como la psicología inversa es intrínsecamente manipuladora, también puede afectar negativamente su relación con esa persona una vez que se dé cuenta de lo que está haciendo.

Signos de psicología inversa

Por lo general, no nos gusta que nos manipulen para hacer o pensar algo, preferimos llegar a una conclusión por nosotros mismos. Cuando alguien intenta convencernos de comprometernos a realizar una actividad que no nos interesa, reaccionamos negativamente. Por ejemplo, la restricción o negación de determinados derechos y libertades. Si no sentimos que tenemos la libertad de tomar nuestra propia decisión, es menos probable que tomemos una decisión. En respuesta a esta oposición, actuamos en contra del acto persuasivo, porque esto nos hace creer que estamos expresando nuestro libre albedrío.

Preste atención a cualquiera de los siguientes signos que indican que alguien puede estar intentando manipularlo para que haga algo que en realidad no quiere hacer:

- Alguien que predica algo hace exactamente lo contrario, revelando incoherencia en su postura.

- Como resultado de escuchar repetidamente la misma idea, es posible que quiera hacer exactamente lo contrario de lo que pretendía al principio.

- Alguien hace afirmaciones excesivamente críticas para provocar una respuesta.

- Adoptar el enfoque opuesto a lo que alguien le sugiere le beneficia más que hacer lo que le ofrece.

- Siente que alguien le pide que haga algo, pero no lo hace directamente. Puede que solo lo insinúe.

La psicología inversa tiene varias formas, como prohibir un comportamiento, cuestionar la capacidad de alguien para realizar algo y fomentar lo contrario de lo que se quiere. Cuando se utiliza la psicología inversa, es importante ser sutil, pero también se debe estar atento y asegurarse de no impulsar a la persona en la dirección opuesta a la que realmente se desea.

La psicología inversa consiste en manipular los pensamientos, sentimientos o comportamientos de las personas. Es una forma astuta de manipulación utilizada por casi todas las personas que desean salirse con la suya. De hecho, en ocasiones parece un juego injusto que depende en gran medida de que la víctima no sepa de su existencia. Sin embargo, una vez que sea consciente de su uso y de las señales a las que debe estar atento, verá venir estos intentos de manipulación mucho antes de que sucedan.

Como aclaración final, es importante decir que en este libro no se aboga por el uso de la psicología inversa en beneficio propio. El efecto de esta táctica puede causar graves daños en sus relaciones y afectar psicológicamente a los demás. Para ayudar a los demás a liberarse de comportamientos autodestructivos, Psyche Central recomienda utilizar estas tácticas para el bien, como se ha sugerido anteriormente.

Aunque no tenemos control sobre la psicología inversa en el mercadeo, podemos aprender sobre las tácticas que se usan. Es fascinante una vez que se da cuenta de todos los trucos que utilizan los profesionales del mercadeo para convencer a los clientes de que gasten dinero en sus productos o servicios. Aunque a veces no podamos resistirnos, al menos sabemos que nos están manipulando para que compremos algo o actuemos de una determinada manera.

Capítulo 7: Técnicas de lavado de cerebro

El término «lavado de cerebro» se acuñó tras una serie de sucesos ocurridos durante la Guerra de Corea a principios de los años cincuenta, cuando unos cuantos soldados estadounidenses fueron convertidos a las creencias comunistas tras sufrir abusos y condicionamientos extremos. Los captores colocaban a los prisioneros estadounidenses en entornos y situaciones duras y después les ofrecían salidas cómodas y alivio de su dolor. Aunque estas condiciones no bastaron para lavar el cerebro de los soldados de forma permanente, sí tuvieron un efecto a corto plazo que les hizo adherirse a la ideología comunista.

El lavado de cerebro es el proceso de manipular los pensamientos humanos en contra del deseo y la voluntad del individuo
https://pixabay.com/illustrations/downloading-matrix-upload-binary-5061051/

En términos generales, el lavado de cerebro se define como la persuasión o coacción de alguien para que acepte una determinada lealtad, escuela de pensamiento u opinión política. En otras palabras, es el proceso de manipular los pensamientos humanos contra el deseo y la voluntad del individuo. Esto se consigue principalmente controlando el entorno físico y social de la persona de forma que dependa del manipulador. Además, el condicionamiento constante del individuo le hace cambiar su lealtad, especialmente a favor del agresor. Por último, para completar el proceso de lavado de cerebro o adoctrinamiento, se hace creer a la víctima que debe cambiar sus pensamientos y actitudes en favor del manipulador.

El lavado de cerebro es una técnica altamente manipuladora y a menudo requiere que quien la practique aísle al individuo al que va a manipular. Esta es la razón por la que el lavado de cerebro suele producirse cuando las personas son apartadas de la sociedad. El aislamiento y la dependencia son dos puntos clave del lavado de cerebro. Se lleva a cabo de manera que las necesidades humanas más básicas de la víctima, como comer, dormir o ir al baño, pasan a depender de la voluntad del manipulador. El proceso es un desmoronamiento sistemático de la identidad de un individuo hasta que no se reconoce a sí mismo y no puede hacer otra cosa que creer lo que se introduce en su cerebro.

Hoy en día, el término *lavado de cerebro* se utiliza de manera informal para describir cuando una persona tiene ideas firmes que desafían la lógica, el sentido común y la experiencia. Estas ideas suelen desarrollarse bajo la influencia de libros, noticias, medios de comunicación e incluso organizaciones religiosas y políticas. De hecho, el lavado de cerebro también tiene lugar en los hogares o entre amigos o familiares cuando un individuo tóxico intenta manipular los pensamientos e ideas de otros hacia algo que le favorece. Por lo tanto, debe saber cómo ocurre esta manipulación mental, incluso dentro de los hogares, y ser consciente de cualquier táctica de lavado de cerebro que la gente o los medios de comunicación intenten con usted. Este capítulo trata en detalle las técnicas de lavado de cerebro y cómo evitarlas.

Cómo identificar el lavado de cerebro

En la actualidad, debe poder identificar si alguien está intentando lavarle el cerebro en caso de que tenga que enfrentarse a un manipulador experto o a un individuo tóxico. Los lavadores de cerebro tienden a preferir personas más susceptibles a la manipulación emocional o las que están pasando por una mala racha. Normalmente, los lavadores de cerebro y los manipuladores apuntan a:

- Desempleados con un futuro incierto.

- Personas recién divorciadas, especialmente de un cónyuge traumático o abusivo.

- Personas enfermas o que se recuperan lentamente de una enfermedad crónica.

- Personas con problemas de salud mental como ansiedad, depresión, insomnio, etc., que las hacen vulnerables.

- Personas que han perdido recientemente a un ser querido, sobre todo si se sienten aisladas y solas por ello.

- Adolescentes o adultos jóvenes que están lejos de sus hogares por primera vez.

- Personas socialmente «torpes» y solitarias.

Los lavadores de cerebro a menudo investigan un tema y ofrecen ideas alternativas sobre la razón de que alguien pase dificultades o tragedias, ideas que hacen sentir bien a la persona a la que le están lavando el cerebro. Por esta razón, es importante ser consciente y estar alerta si alguien intenta aislarle de sus amigos, familiares y otras influencias externas. A menudo, las personas que sufren un trauma o una tragedia se sienten solas y, como resultado, atraen a depredadores que quieren explotar su vulnerabilidad. Este aislamiento puede adoptar muchas formas, por ejemplo:

- Los miembros o líderes de una secta pueden impedir que los jóvenes se pongan en contacto con sus amigos y familiares.

- Los presos suelen ser aislados de otros presos cuando son torturados o encarcelados en campos de prisioneros.

- Los cónyuges o familiares maltratadores pueden impedir que las personas se pongan en contacto con sus amigos o seres queridos para garantizar el aislamiento.

Técnicas de lavado de cerebro

El lavado de cerebro es un proceso complicado y sistemático que requiere técnicas avanzadas para garantizar que el objetivo esté completamente aislado de las fuentes de apoyo, haciéndole incapaz de defenderse por sí mismo y tomar decisiones. Estas técnicas se ponen en marcha con el único propósito de lograr la completa obediencia y humildad del sujeto objetivo. Las técnicas de lavado de cerebro pueden incluir:

Cantos

Aunque los cánticos y las canciones son comunes en muchas religiones, especialmente en el hinduismo y el budismo, estas prácticas pueden ayudar al proceso de lavado de cerebro. Cuando la gente se reúne, la mentalidad de masa surte efecto y se inculca un sentido de comunidad. Cuando las voces empiezan a mezclarse con las masas, surge un sentimiento de unión. Esto hace que los miembros se sientan parte de algo, unidos y fuertes. Este sentimiento, junto con los efectos conocidos de cantar y entonar cánticos (como un ritmo cardiaco más lento y una sensación relajante), puede hacer que el activo sistema cognitivo de una persona deje de pensar, evaluar y observar constantemente su entorno.

A menudo se experimenta una especie de trance cuando se cantan o recitan mantras. Cuando los mantras se repiten una y otra vez, se trata de un tipo de meditación. Como resultado, la parte de pensamiento lógico del cerebro se desactiva mientras se mantiene en un estado de trance. Además, las sectas suelen imponer castigos si las personas no permanecen en este trance durante un tiempo determinado. Esta práctica se utiliza para garantizar que el proceso de lavado de cerebro se lleve a cabo con éxito, el castigo asegura que cada individuo se ajuste a las creencias e ideas definidas por la secta.

Además, las investigaciones han demostrado que cuando se somete a las personas a hipnosis repetidas veces, su capacidad para tomar decisiones y evaluar nueva información se ve considerablemente afectada. Por eso muchos lavadores de cerebros optan por la hipnosis y el canto de mantras para eliminar la capacidad de pensamiento crítico de sus objetivos. Esto induce creencias incuestionables en las personas y dificulta su capacidad de racionalización. Esta técnica también se utiliza para inducir el «pensamiento grupal», un concepto similar al lavado de cerebro.

Aislamiento

El aislamiento es una de las tácticas más importantes para el lavado de cerebro. Ya sea el aislamiento de prisioneros en los campos o el aislamiento del mundo exterior en las sectas, el propósito siempre es el mismo: hacer que la persona se sienta sola y se vuelva dependiente de su agresor. Por ejemplo, el líder de la secta Jim Jones llevó a unos 1.000 miembros de su grupo a una comunidad aislada en Guyana. Allí, la gente no podía ponerse en contacto con el mundo exterior y, por lo tanto, perdían el contacto con las normas y valores del mundo exterior. De este modo, Jim Jones conseguía que se ajustaran a los valores y normas que él establecía. Esencialmente, les lavaba el cerebro para que siguieran las órdenes y normas de su captor mental. Los que se resistían o le desafiaban tenían que enfrentarse a graves consecuencias y estaban condicionados a seguir las órdenes de Jim sin cuestionarlas.

Las personas manipuladoras también emplean el aislamiento como método para lavar el cerebro a sus compañeros, cónyuges o amigos. Por ejemplo, un cónyuge mentalmente abusivo puede limitar la comunicación y la socialización de su pareja con otras personas hasta el punto de ni siquiera permitir que se reúna o hable con sus amigos íntimos o familiares. De este modo, no solo le hace sentir solo, sino que no tiene más remedio que depender exclusivamente de su maltratador. El aislamiento es una técnica muy utilizada para lavar el cerebro a las personas y numerosas investigaciones demuestran que puede, con el tiempo, alterar las funciones cognitivas.

Dependencia y miedo

Además del aislamiento, las técnicas de dependencia y miedo también son frecuentes durante el proceso de lavado de cerebro. El patrón es el mismo, ya se trate de una secta que lava el cerebro a alguien o de una persona tóxica que manipula a sus similares. En primer lugar, aísla al individuo de la sociedad y de otras personas. Después, introduce una amenaza. Como ya se ha mencionado, el miedo es una fuerte emoción humana que afecta en gran medida al comportamiento de una persona. Cuando se la aísla y somete a amenazas y presiones constantes, la persona tiende a ceder y a conformarse con cualquier creencia que se le imponga.

Patty Hearst fue secuestrada por el Ejército Simbionés de Liberación. La mantuvieron aislada y expuesta a constantes amenazas y abusos físicos y mentales. Más tarde, pasó de ser una mujer de la alta sociedad a una atracadora de bancos y miembro comprometida del ELS. Durante su cautiverio, la amenazaron constantemente con quitarle la vida. Esto le dio a sus captores un control total sobre ella, por lo que no tuvo más remedio que ceder a sus exigencias y deseos.

Aquí también puede aplicarse el concepto de síndrome de Estocolmo. Hearst se hizo dependiente de sus captores y sus ideales y creencias se transformaron por completo. Incluso después de ser detenida, se demostró que era culpable de connivencia con el ELS debido a su comportamiento. Como se puede ver, la dependencia y el miedo se inducen en un individuo a través de una serie de comportamientos de castigo y recompensa. Son técnicas comunes de lavado de cerebro, especialmente dentro de las sectas.

Esta técnica también se observa en los hogares. Por ejemplo, los padres maltratadores lavan el cerebro de sus hijos introduciendo amenazas de todo tipo, normalmente extremas, como la violencia o el abandono. Además, la estrategia de castigo y recompensa es habitual entre los padres maltratadores.

Pedagogía de la actividad

La pedagogía de la actividad utiliza esencialmente el deporte y el ejercicio para hacer que las personas se adapten a creencias e ideologías que de otro modo no aceptarían. Aunque inicialmente no era una técnica de lavado de cerebro, en la actualidad las sectas y los grupos extremistas la utilizan con frecuencia para lavar el cerebro a los integrantes. Originalmente, se diseñó para disciplinar a los alumnos. Los profesores castigaban a sus alumnos por mal comportamiento con ejercicio físico y esfuerzos como correr o hacer flexiones. Después de la actividad física, es menos probable que el alumno discuta o cause problemas porque está cansado.

Las sectas y los grupos terroristas aplican estos mismos principios en sus lavados de cerebro. Hacen que el individuo realice ejercicios físicos como correr, saltar o nadar, y luego le introducen creencias ideológicas. De este modo, el individuo está agotado y es menos probable que piense en contra de lo que le dicen. Como resultado, es condicionado a creer en todo lo que se le dice tras el esfuerzo físico. Por ejemplo, la Unión Soviética solía tener actividades atléticas masivas diseñadas para conformar y unificar a la sociedad en torno a los principios del comunismo.

Privación del sueño y fatiga

Una de las formas más fáciles de hacer que alguien dependa de usted es controlar las necesidades humanas básicas para sobrevivir. Entre ellas, la más importante es el sueño y el descanso físico. La privación del sueño y la fatiga inducida deliberadamente, una técnica de lavado de cerebro utilizada a menudo, pueden hacer que una persona pierda la concentración y tome decisiones que no tomaría en un estado mental normal.

La privación del sueño no solo puede provocar desorientación, sino también fatiga física y sobrecarga sensorial. Combinados, estos problemas pueden dificultar la capacidad de pensar, procesar y evaluar la información. Cuando una persona ha sido privada de sueño, se encuentra en su estado más débil y vulnerable, que es precisamente cuando los lavadores de cerebros se aprovechan.

Las sectas utilizan esta técnica para debilitar a sus miembros y hacer que se ajusten a creencias y normas preestablecidas. Además, también controlan sus dietas y se aseguran de que reciban una cantidad limitada de alimentos y energía, la justa para funcionar para las tareas asignadas en la secta. El resultado son individuos débiles, conformistas y agotados mental y físicamente, incapaces de pensar correctamente o de tomar decisiones, por no hablar de su incapacidad para defenderse por sí mismos.

Autocrítica y sentimiento de culpa

Esta fue una de las técnicas utilizadas en el lavado de cerebro de los soldados estadounidenses durante la guerra de Corea. Los soldados eran sometidos a largas horas de sesiones de crítica y autocrítica. Se les obligaba a escuchar cómo otros les criticaban y luego se les pedía que hablaran de sus propios defectos delante de otros prisioneros. Esta actividad los derrumbaba, dejaba su identidad y su autoestima por los suelos. A partir de ese momento, a sus captores les resultó bastante fácil moldearlos según las creencias e ideologías que quisieron.

Lo que ocurre con la psique humana es que el cerebro empieza a creer lo que oye una y otra vez. Incluso si alguien no tenía ciertas opiniones o ideas antes, con el tiempo, escuchar las cosas repetidamente puede forzar a su cerebro a aceptarlas como verdad. Con el tiempo, los soldados estadounidenses empezaron a dudar de sus propias ideologías y de la validez de la guerra. Cuestionaron su propio patriotismo y a sus compatriotas. Al final, muchos de estos soldados se negaron a regresar a

Estados Unidos, incluso después de ser liberados de los campos de prisioneros.

Este tipo de comportamiento también puede observarse en ciertas relaciones domésticas. Por ejemplo, si le hablan a un niño repetidamente de su fracaso e inutilidad, especialmente uno de sus padres, el niño termina por perder la confianza en sí mismo y su autoestima flaquea.

Bombardeo amoroso

Los lavadores de cerebro suelen pintar un panorama en el que ellos son los únicos buenos, haciendo creer a la víctima que el mundo exterior es peligroso o que simplemente les odia. Para ello, emplean la técnica del bombardeo amoroso. Recuerde que el bombardeo amoroso se refiere a un proceso en el que el manipulador comienza a colmar al objetivo de atención, amor e incluso empoderamiento. Más tarde, se muestra completamente indiferente o negligente. Esto induce un estado de confusión, dolor y trauma en la persona atacada. Aunque el bombardeo amoroso lo suelen realizar quienes padecen un trastorno narcisista de la personalidad, también pueden emplearlo los líderes de sectas y grupos extremistas para atraer a individuos vulnerables a su forma de pensar.

Por ejemplo, una persona solitaria puede ser objeto de un bombardeo amoroso por parte del líder de una secta o de otro miembro importante del grupo. Suele colmarle de atenciones especiales, afecto y lujos. Este comportamiento le hace creer que es especial para la causa o el grupo. Al bajar la guardia, empieza a creer en las ideologías del grupo, por irracionales o dementes que parezcan. Este comportamiento también crea un sentimiento de culpa, deuda y obligación hacia el grupo, que el individuo siente que debe mantener. En consecuencia, promete su lealtad al grupo y hace todo lo que los líderes de la secta o del grupo le ordenan para asegurarse la validación y la compañía.

Lo mismo pueden hacer los individuos con trastornos mentales. Primero le hacen sentir especial mostrando amor, atención y afecto, y más tarde desaparecen o cambian por completo su comportamiento hacia usted. Esto afecta su sentido de la autoestima y le hace dudar de su propio valor.

Manipulación mística

La manipulación mística tiene lugar principalmente en las sectas, donde los abusadores se basan en creencias sobrenaturales, identidades divinas y poderes mágicos. Aunque ninguna de estas cosas existe realmente, los manipuladores hacen creer a sus seguidores en estas ideas supersticiosas para que se amolden a sus creencias sin cuestionarlas. Para seguir a alguien ciegamente, muchas personas necesitan sentirse inferiores. Los líderes de las sectas utilizan esta táctica de psicología oscura para controlar los pensamientos, las acciones y las creencias de sus seguidores. Este tipo de lavado de cerebro suele hacerse en masa y dentro de sectas u otras organizaciones extremistas.

Abuso litigioso

Cuando las sectas u organizaciones son criticadas, especialmente en la opinión pública, pueden llegar a demandar a personas o grupos. En realidad, no lo hacen para ganar el caso, *sino porque pueden permitírselo y la parte contraria no*. Estas demandas suelen tener como objetivo acosar a la víctima, amenazarla y aislarla, además de llevarla a la ruina económica. Estas sectas y organizaciones poderosas rara vez buscan ganar. Este tipo de manipulación y lavado de cerebro se conoce como abuso *barratrous* y es más frecuente de lo que imagina.

Señales de que le están lavando el cerebro

Ahora que conoce las diferentes técnicas de lavado de cerebro, puede identificar mejor si alguien está intentando manipularle o lavarle el cerebro. He aquí algunas señales de que pueden estar lavándole el cerebro:

- Sus pensamientos y decisiones no son suyos, sino que están influenciados por otra persona de su vida.

- Sus creencias son extrañas para otras personas, no son exactamente racionales o lógicas.

- Le miman en exceso y le recompensan cuando hace algo que otra persona quiere que haga.

- Se siente culpable y horrible cuando contradice los valores de alguien con sus propias creencias.

- Le manipulan económicamente y se ha vuelto dependiente de alguien.

- Siente que no tiene más remedio que seguir las reglas y normas que le imponen.

- Ha escondido e incluso descuidado sus valores debido a la influencia de alguien.

Aunque la manipulación emocional puede adoptar muchas formas, el lavado de cerebro es quizá una de las peores. Se trata de una estrategia invasiva de manipulación mental tan intensa que genera efectos a largo plazo incluso después del tratamiento. Se utilizan muchas técnicas para lavar el cerebro de una persona, todas ellas con el objetivo de manipular sus pensamientos, creencias e ideologías. Es importante no solo comprender las diferentes técnicas de lavado de cerebro, sino también identificar cuándo alguien está intentando lavarle el cerebro. De ese modo, sabrá cómo protegerse y salvaguardar su cordura ante los intentos maliciosos, independientemente de cómo se presenten ante usted.

Capítulo 8: ¿Está siendo víctima de *gaslighting*?

El *gaslighting* es otra forma frecuente de manipulación psicológica y abuso emocional. Ocurre gradualmente y durante un largo periodo de tiempo, lo que hace que la víctima se cuestione su propia cordura. A menudo lo ejercen personas encantadoras y carismáticas. Saben cómo ganarse la simpatía de los demás, por lo que las víctimas suelen ser reacias a hablar de los abusos. Incluso cuando lo hacen, los demás suelen reaccionar con incredulidad. Por eso, la víctima empieza a cuestionar la validez de sus pensamientos y emociones y la exactitud de sus propios recuerdos y percepciones.

A menudo son mentalmente inestables
https://www.pexels.com/photo/light-fashion-love-people-6670149/

Con el tiempo, las víctimas de este tipo de manipulación ven cómo se desvanece su autoestima y su confianza. Aunque el *gaslighting* es más común en las relaciones románticas, también puede ocurrir en relaciones de trabajo, en el hogar y en las amistades. Los manipuladores suelen tener problemas mentales, trastornos de la personalidad como el trastorno antisocial, el narcisismo y el trastorno límite de la personalidad. Lo más probable es que alguien que se empeña mucho para ejercer su control y poder sobre los demás no sea mentalmente estable ni sano.

Muchos «*gaslighters*» se comportan así porque ellos mismos se criaron en un entorno tóxico. Es posible que hayan aprendido estos comportamientos de padres o hermanos igualmente manipuladores. Tal vez el *gaslighting* es un mecanismo defensivo o incluso de supervivencia para ellos. Ser criado por un *gaslighter* puede tener dos resultados; creer que nunca tiene la culpa, o siempre fue culpado por todo lo que salió mal. En ambos casos, adopta la creencia de que las personas son intrínsecamente buenas o malas. Se convierte en un extremista, creyendo que no existen las zonas grises. Trata a los demás basándose en esta percepción binaria de la humanidad.

Al leer este capítulo, comprenderá los efectos a largo plazo del *gaslighting* y cómo puede afectar a su bienestar mental. Luego, encontrará varias señales de advertencia e indicadores que pueden ayudarle a determinar si está siendo víctima de *gaslighting*. También se incluye un breve cuestionario que puede completar para averiguar si ha sido víctima de esta manipulación.

Los efectos a largo plazo del *gaslighting*

Como se ha explicado anteriormente, una víctima de *gaslighting* puede empezar a perder la capacidad de confiar en sí misma si ha estado sometida a este tipo de comportamiento durante el tiempo suficiente. A menudo la víctima se convence de que padece un trastorno mental u otro problema cognitivo. Esto se debe a que el *gaslighter* constantemente desacredita los recuerdos de su víctima sobre los acontecimientos. Además, lo que la víctima experimenta con el *gaslighter* no coincide con lo que otras personas perciben de ella. Por esa razón, las víctimas a menudo se preguntan si lo que les ocurre es producto de su imaginación o si simplemente están siendo demasiado sensibles en ciertas interacciones con otras personas. Todas estas cosas conducen a la ansiedad y la depresión. Las víctimas del *gaslighting* también pueden acabar aislándose. Mientras que algunos problemas de salud mental causan aislamiento, los *gaslighters* pueden animar a sus víctimas a cortar los lazos con quienes les rodean. Ponen a sus víctimas en contra de sus seres queridos porque quieren que estén lo más lejos posible de las personas que pueden apoyar su forma de pensar. Tener un «*gaslighter*» en la vida puede provocar muchos traumas psicológicos y dolor.

Tratar con un *gaslighter* puede destruir su autoestima, agotar su energía y entorpecer su salud mental. Cuanto más consumido esté en la relación, más dominante será la sensación de caos y confusión en su cerebro. Esto conduce a una mayor desilusión, lo que hace más difícil poner fin a la relación abusiva. EL *gaslighting* puede convertirse en control coercitivo, otro tipo de abuso emocional. Cuando su pareja ejerce este tipo de abuso, puede controlar casi todos los aspectos de su vida. El agresor puede comprobar las actividades sociales y digitales de su pareja, revisar sus correos electrónicos, mirar su teléfono, supervisar todas las finanzas, recurrir a amenazas e insultos e incluso volverse violento o abusar sexualmente de su pareja.

Señales de advertencia del *gaslighting*

Como ya sabe, el *gaslighting* funciona principalmente alterando la percepción de la realidad de la víctima. El objetivo principal del *gaslighting* es conseguir que la víctima cuestione su cognición, su salud mental, su cordura y sus recuerdos. El agresor quiere que dude de sí misma y se cuestione. Si sospecha que estás tratando con un *gaslighter*, puede que se sienta abrumado y desconcertado cada vez que trate con él. Le preguntará constantemente si le pasa algo. El *gaslighter* le manipulará para que piense que usted es el culpable de todo lo que va mal. Invalidará sus emociones y le convencerá de que es demasiado sensible o dramático. Son muy astutos a la hora de cuestionar su valor y autoestima.

Las siguientes son algunas señales de advertencia de que está siendo víctima de *gaslighting*:

Le mienten

Son mentirosos patológicos (mitómanos). Mienten como si respiraran y a menudo lo hacen sin motivo aparente. Cuentan sus propias versiones de las historias, nunca se retractan de sus palabras ni las alteran. Se aferran a lo que han dicho, aunque alguien aporte pruebas sólidas de que lo que dicen no es cierto. Lo único que conseguirá es una respuesta pasivo-agresiva, como «¿Así que ahora se inventa cosas?» o «Así no es como yo recuerdo las cosas». La mentira y la desilusión son algunos de los indicadores más destacados del *gaslighting*.

Para empeorar las cosas, los *gaslighters* tienen facilidad de palabra. Son manipuladores natos que convencen de que están diciendo la verdad, incluso cuando hay pruebas de que no es así. Casi siempre los demás terminan por dudar de sí mismos.

Le desacreditan

Los «*gaslighters*» suelen tratar de aislarlo de sus amigos y familiares. No quieren arriesgarse a que hable con otras personas sobre cómo se siente, porque los de fuera podrían darse cuenta de lo que pasa. Si esto ocurre, pueden ayudarle a darse cuenta de que está siendo objeto de maltrato emocional. Por eso los *gaslighters* difunden rumores sobre usted y afirman que está loco o que es demasiado dramático. Lo hacen de una forma muy astuta que les permite fingir que están realmente preocupados por usted. Por ejemplo, pueden decirle a sus amigos algo como: «¿Han sabido algo de Judy últimamente? Está un poco rara. Probablemente esté cansada o agotada porque no parece recordar bien las cosas. ¿Se imaginan que piense que le he mentido? No estoy enfadado. Solo estoy muy preocupado por ella». Dado que los *gaslighters* son manipuladores destacados, sus técnicas pueden ser increíblemente eficaces. Incluso sus seres queridos pueden ponerse de parte de su *gaslighter* y no escuchar su versión.

Sin embargo, el plan maestro no termina aquí. Cuando el agresor afirme que su memoria es confusa o le diga que es muy sensible, le mentirá y le dirá que sus seres queridos también están de su parte. Aunque sus amigos y familiares nunca hayan dicho necesariamente esas cosas de usted, el *gaslighter* hará todo lo posible para que crea que ellos también piensan así de usted. Como resultado, usted se hunde aún más en la duda sobre sí mismo.

Le distraen

Los «*gaslighters*» nunca permiten que se enfrente a ellos. Como ya se ha explicado, responden de forma pasivo-agresiva a todo lo que diga. No solo eso, sino que son muy hábiles para cambiar de tema cada vez que saca a relucir algo que hicieron. Si cuestiona sus acciones, le harán preguntas o llevarán la conversación en otra dirección en lugar de responder directamente. Esto interrumpe su proceso de pensamiento y le distrae del tema en cuestión.

Invalidan sus pensamientos y sentimientos

Los *gaslighters* invalidan sus sentimientos para ejercer control sobre usted. ¿Alguna vez ha intentado hablar con el agresor sobre una situación o emoción con la que ha estado luchando? Lo más probable es que haya trivializado todo lo que salía de su boca y le haya hecho sentir pequeño. Probablemente haya escuchado las palabras «estás exagerando» más veces de las que podría contar, lo que le hizo sentir estúpido por considerar la posibilidad de hablar. Cuando sus pensamientos y sentimientos son constantemente invalidados, empieza a preguntarse si algo va mal con usted. El *gaslighter* se asegura de que su opinión sea lo único que importa, puesto que ya le ha aislado de quienes le rodean. Como no tiene a nadie más con quien hablar o quien le diga que no se equivoca por sentirse como se siente, no le queda más remedio que creer a su agresor. Estar atrapado en una relación que le hace sentir invalidado e incomprendido puede hacer que se sienta avergonzado y abrumado. Entonces reprime todos sus sentimientos, lo que causa problemas adicionales más adelante.

Le dan la vuelta a la situación

Discutir con un «*gaslighter*» puede hacer que se salga de quicio. Son expertos en dar vuelta la situación y echar la culpa a los otros. Cada vez que intenta discutir con ellos sobre algo que hicieron mal, en una situación en la que usted no podría haber hecho nada mal, ellos encuentran una manera de culparle por algo. Si intenta hablar con ellos sobre lo mal que le han hecho sentir, tergiversarán la situación de manera que puedan culparle por haberlos hecho actuar de esa manera.

Nunca admiten que se equivocan

Un *gaslighter* no solo nunca admitirá una equivocación, sino que también negará descaradamente sus propios defectos. Los *gaslighters* son conocidos por no asumir nunca la responsabilidad de ninguno de sus errores. Pueden arruinar la vida de sus víctimas menospreciándolas constantemente y haciéndolas sentir insignificantes, y seguir como si sus acciones no tuvieran consecuencias. Como nunca admiten sus faltas, las víctimas se quedan sin un cierre. Esto les dificulta seguir adelante con sus vidas y recuperarse de la relación tóxica.

Salen de situaciones con zalamería

Los «*gaslighters*» pueden hacer que se enamore de ellos, o al menos crearle la ilusión de que no puede vivir sin ellos, incluso cuando le han hecho un daño horrible. Le colman de palabras cariñosas, compasivas y amables cada vez que les llama la atención por sus acciones. Le recuerdan lo mucho que le quieren y le hacen sentir culpable por haber pensado alguna vez que le harían daño intencionadamente. Saben todo lo que usted quiere oír y se aseguran de decírselo cuando más lo necesita. Estas palabras vacías son las que hacen que usted se quede hasta el próximo enfrentamiento. Cuando vuelve a suceder, saben qué decir para conseguir que les perdone una vez más.

Se inventan sus propias historias

Los *gaslighters* no tienen ningún problema en inventarse historias para quedar bien. Por ejemplo, supongamos que le empujan durante una discusión. En ese caso, pueden convencerle de que se dieron cuenta de que estaba a punto de caerse y por eso le empujaron accidentalmente, cuando en realidad intentaban mantenerle estable. Si la discusión fue acalorada, es probable que empiece a cuestionar sus propios recuerdos de la situación. Puede que se diga a usted mismo que solo se confundió por lo que estaba pasando, lo que da crédito a las mentiras de él y a su comportamiento malicioso.

Cuestionario: ¿Soy víctima del *gaslighting*?

Es difícil saber con certeza si es víctima de *gaslighting*, especialmente si está en una relación tóxica de larga duración. Las percepciones se sesgan cuando se implica demasiado en una situación. El siguiente cuestionario puede ayudarle a identificar si está tratando con un *gaslighter*. Utilice las casillas para marcar lo que corresponda. Si la mayoría de estas afirmaciones se aplican a su situación, debe tomar medidas inmediatamente.

- Siempre duda de su percepción de la realidad y duda de sus emociones. Se pregunta si está exagerando y se dice a sí mismo cosas como: «Probablemente no sea tan malo. Solo estoy siendo demasiado sensible, como me dijo».

- No confía en su juicio y a menudo le preocupa hablar de sus pensamientos y sentimientos. Hablar de sus emociones solo le hace sentir peor.

- Le culpan a usted en lugar de asumir la responsabilidad.

- No puede hacer ni decir nada cerca de esa persona. Siente que tiene que andar con mucho cuidado cuando está cerca. Teme decir cualquier palabra o cometer cualquier acción que pueda provocarle

- Se siente aislado e incomprendido. Cree que sus seres queridos piensan que es tan dramático, loco y sensible como dice su agresor. Ya no se acerca a sus seres queridos porque le preocupa que le malinterpreten. Se siente aislado y solo.

- Se pregunta si el *gaslighter* tiene razón sobre usted. El agresor sabe exactamente qué decir para que se sienta tonto, sin importancia, equivocado, pequeño y poco inteligente. Pasa mucho tiempo preguntándose si esas afirmaciones son ciertas, lo que afecta su autoestima.

- Se siente avergonzado y decepcionado de usted mismo. Recuerda lo fuerte y decidido que solía ser. Se siente decepcionado cada vez que intenta enfrentarse a su agresor y termina disculpándose porque ha conseguido hacerle sentir culpable. Se pregunta por qué ya no tiene confianza en usted mismo ni es asertivo.

- Se siente confundido y perplejo. Hablar con su *gaslighter* puede hacerle sentir confuso y estupefacto.

- Se dice a usted mismo que es demasiado sensible. Las palabras a las que recurre un *gaslighter* son: «Estás siendo demasiado sensible» o «Supongo que no sabes aceptar una broma».

- Siempre tiene un mal presentimiento cuando está cerca. Siempre está en tensión, esperando que ocurra algo malo. Puede sentirse amenazado sin motivo, e incluso sorprenderse si la conversación o el encuentro transcurren sin problemas.

- Siempre está pidiendo perdón, incluso cuando no ha hecho nada malo. Si no se disculpa por algo que el *gaslighter* le ha dicho, probablemente se esté disculpando por ser la persona que es.

- Siente que no es suficiente. Nadie es suficientemente bueno para un *«gaslighter»*. No puede cumplir sus exigencias y expectativas porque, en realidad, le hacen sentir indigno, aunque haya demostrado ser un ser humano perfectamente inteligente y capaz.

- Cuestiona constantemente su memoria y su credibilidad. Dedica una cantidad absurda de tiempo a preocuparse por la solidez de sus recuerdos. Puede que incluso haya dejado de hablar de cómo recuerda ciertas situaciones porque cree que puede estar equivocado.

- Se pregunta si está en buena forma mental. Cree sinceramente que algo no va bien con su bienestar mental o cognitivo.

- Ya no confía en usted mismo para tomar sus propias decisiones. Evita tomar decisiones y pide a otras personas que decidan por usted.

En definitiva, los «*gaslighters*» utilizan esta forma de manipulación y abuso para hacer que los demás se sientan impotentes. Rompen su inhibición, los debilitan e infunden una sensación de confusión permanente en sus víctimas. El *gaslighting* no siempre ocurre a puerta cerrada, ni es cosa de una sola vez. Estas personas son muy hábiles para herir a sus víctimas de forma sutil pero muy profunda. Sus acciones se acumulan gradualmente de forma tan sigilosa que las víctimas ni siquiera se dan cuenta de que algo va mal. Sus comportamientos son persistentes y hacen que el individuo afectado caiga en una espiral de duda sobre sí mismo. Si este ciclo no se rompe pronto, la víctima puede perder su sentido de la identidad.

Esperamos que los conocimientos y las técnicas proporcionados en este capítulo le permitan identificar y protegerse del *gaslighting*.

Capítulo 9: Alguien le está haciendo sentir culpable

Hacer sentir culpable a alguien es algo que puede ocurrir en cualquier relación, especialmente en las más cercanas. Esta técnica de psicología oscura consiste esencialmente en intentar cambiar el comportamiento de alguien sembrando sentimientos de culpa para hacer que la persona se sienta mal. Hacer sentir mal a alguien es mucho más común de lo que se piensa. Lo más probable es que usted haya sido víctima de esta práctica en varias situaciones y por parte de muchas personas diferentes a lo largo de su vida.

Es una forma de manipulación
https://www.pexels.com/photo/light-man-love-people-6670067/

¿Tiene un amigo que siempre le dice que saca tiempo para estar con usted, pero usted no, aunque es consciente de lo apretada que es su agenda? ¿Su madre le hacía sentir mal por olvidarse de hacer una tarea enumerando todas las formas en las que ella se ocupaba de usted? Tal vez tuvo una pareja que le hacía sentir mal por hacer planes con sus amigos porque la dejaba sintiéndose «sola». Esa es otra forma de hacer sentir mal a alguien.

La culpabilización es eficaz porque despierta una emoción muy poderosa. Es uno de los motivos e impulsos más importantes del comportamiento humano. Por eso la gente suele explotarla para inculcar un sentido de responsabilidad en los demás, utilizándola como herramienta para moldear sus pensamientos, comportamientos y sentimientos. Los manipuladores astutos saben cómo sacar partido de las cosas por las que la gente ya se siente culpable. Si alguien, por ejemplo, Alex, sabe que su pareja se siente culpable por no ganar suficiente dinero y ayudar con las facturas, entonces Alex podría decir: «Trabajo duro todo el tiempo para asegurarme de que todas nuestras necesidades están cubiertas». Esto hace que la pareja se sienta mal y haga lo que Alex quiere.

Ahora que sabe cómo funciona la manipulación de hacer sentir culpa, analizaremos las causas de este tipo de comportamiento. Este capítulo trata sobre diferentes trampas para hacer sentir culpable y las señales de que alguien le está haciendo esto en cualquier relación. Luego, encontrará un cuestionario que puede utilizar para identificar si ha sido objeto de este comportamiento. Por último, aprenderá cómo la culpabilización afecta sus relaciones diarias.

Las causas de culpabilidad

Dado que hacer sentir culpa es un método para conseguir que alguien haga lo que usted quiere o ceda a sus formas, es una forma de manipulación. Esto significa que, en la mayoría de los casos, es objeto de manipulación intencionada si percibe que alguien le está haciendo sentir culpable.

A muchas personas les gusta hacer que los demás se sientan culpables cuando hieren sus sentimientos o cuando tienen dificultades para compartir sus pensamientos y expresar sus emociones. La culpabilización también suele ser el resultado de una comunicación deficiente. Sobre todo si el manipulador se siente subordinado o cree que no se le da prioridad en la relación. Muchos recurren a la culpabilización si se sienten enfadados, porque no consiguen llegar a acuerdos. También es un comportamiento común entre las personas que crecieron en un hogar o entorno manipulador.

Formas de hacer sentir culpable

A menudo experimentamos varios tipos de culpa y este tipo de manipuladores a menudo se aprovechan de todos ellos. Sin embargo, el objetivo de las diferentes tácticas es siempre el mismo. Actúan así porque quieren que los demás cedan a sus propias necesidades y deseos.

Las siguientes son formas en las que los manipuladores utilizan la culpa para su propio beneficio:

Evidencian la culpa moral

Estos manipuladores pueden hacer que se sienta mal con usted mismo reprendiéndole por sus elecciones inmorales. Esto le lleva a cuestionarse su sentido de la responsabilidad y de la moralidad y lo buena persona que es en general.

Supongamos que usted y su pareja tienen la costumbre de ahorrar dinero. Aunque su portátil está relativamente en buen estado, ha decidido cambiarlo por un modelo más nuevo que llevaba tiempo viendo y ha ahorrado una cantidad razonable. También ha guardado la cantidad suficiente para emergencias. Llega a casa emocionado y le enseña a su pareja su nueva adquisición. En lugar de compartir su alegría, enseguida le dice que se ha equivocado al gastarse todo ese dinero en un portátil cuando podría haberlo utilizado para volar a casa a ver a sus padres. Luego, resulta que él/ella estaba ahorrando para visitar este verano su ciudad natal, donde ambos crecieron. Su pareja ha conseguido que se sienta culpable por no preocuparse lo suficiente por visitar a su familia e incluso puede convencerle de que pida de vuelta el dinero de la compra para poder volar de visita a casa.

Buscan compasión

Los culpabilizadores pueden hacer que se sienta culpable fingiendo que le han hecho daño. Hablarán de cómo sus acciones les han perjudicado considerablemente. Si son lo suficientemente convincentes, acabará sintiéndose avergonzado por su comportamiento. También desarrollará sentimientos de simpatía y acabará haciendo lo que ellos quieran.

Imagine que uno de sus amigos pone en práctica esta táctica. Hace tiempo que no se ven y por fin han hecho planes para tomar un café juntos el próximo martes. Unas horas después, su jefe le envía por correo electrónico los detalles de una reunión muy importante a la que tiene que asistir ese día. Llama a su amigo, le pide disculpas y le pregunta si pueden cambiar la cita. Le dice que ya ha cancelado algunos de sus planes y que no quiere quedarse en casa porque se siente solo. Le cuenta lo triste que está y que probablemente pasará la tarde durmiendo o deprimido ahora que ha cancelado su cita. Usted se siente mal y promete que hará todo lo posible por librarse de su compromiso laboral o intentará despejar su agenda de alguna otra manera.

Le manipulan

Mientras que hacer sentir culpa es generalmente una forma de manipulación, los manipuladores de este tipo pueden exhibir este comportamiento por puro placer. La intención básica es hacerle sentir culpable para que no tenga más remedio que hacer algo que de otro modo no haría.

Digamos que odia decir que está enfermo o faltar al trabajo a menos que sea realmente necesario. Justo cuando se estaba preparando por la mañana, su pareja le pide que se quede en casa todo el día. Le dice que no quiere decir que está enfermo a menos que la situación lo exija. Le responde que nunca hace nada por él y que si le quisiera de verdad, se quedaría en casa solo por esta vez.

Evitan los conflictos

Aunque no estén dispuestos a enfrentarse a usted, el tipo de personas que le hace sentir culpa actúan de forma muy molesta. Empiezan a tratarle de forma diferente y le hacen sentir mal, pero insisten en que no pasa nada siempre que les pregunta. Usted es capaz de percibir que están molestos y que les pasa algo. Sin embargo, cada vez que intenta hablar con ellos le tratan con frialdad y le dicen que no pasa nada. Le hacen sentir culpable mostrándose tristes y sensibles. Sin embargo, no son sinceros con usted.

Señales de que alguien le está haciendo sentir culpable

No siempre es fácil darse cuenta de los comportamientos culpabilizadores debido a lo frecuentes que son. Nos hemos acostumbrado tanto a este tipo de comportamiento que ya no sabemos si la persona con la que estamos tratando está realmente enfadada o nos está manipulando. Afortunadamente, hay algunas señales a las que puede estar atento para saberlo con certeza:

Utilizan un lenguaje despectivo

Los culpabilizadores rara vez piden algo por las buenas. Si necesitan ayuda con las tareas domésticas, no la piden amablemente. En lugar de eso, hablan de cómo se levantan temprano y van a trabajar para luego volver a casa y pasar horas en la cocina. Enumeran todo lo que hacen en casa y le dan sermones por olvidarse de sacar la basura. Acaba sintiéndose culpable por no ayudar más a menudo, *aunque nunca se negaría si le pidieran ayuda de forma educada y explícita.*

Actúan sarcásticamente

Además de sus comentarios sarcásticos, los culpabilizadores suelen ser sarcásticos con su comportamiento. Aunque intenten hacer pasar sus comentarios por bromas, saben cómo golpear donde más duele. Su sarcasmo puede hacerle sentir aún más culpable.

Le dan el tratamiento del silencio

A los manipuladores no les gusta la confrontación y hacen cualquier cosa para evitar el conflicto. No asumen sus errores ni se hacen responsables de ellos. Por eso, después de una discusión, es normal que se mantengan en silencio en vez de responder. No hablan con usted, por mucho que intente iniciar una conversación madura para resolver el problema. Su objetivo es que se sienta lo suficientemente culpable como para que ceda y se disculpe, aunque no haya hecho nada malo.

Llevan un registro de sus errores

Pocas cosas pueden hacer que alguien se sienta más culpable que escuchar una lista de sus defectos. Cada vez que intente llamar la atención a un torturador por sus acciones o explicar que su comportamiento le ha afectado negativamente, inmediatamente él se defenderá con una lista de todos los errores que usted ha cometido. En lugar de escuchar, los culpabilizadores desvían la atención y le hacen sentir culpable.

Le hacen sentir culpable para que les haga favores

Si un maltratador le pide un favor que no puede hacer por una razón u otra, le hará sentir culpable por ello. Probablemente le enumerará todos los favores que le ha hecho y le recordará todas las formas en que le ha ayudado antes. Al hacerlo, garantiza que usted modifique sus planes y convierta los de él en una prioridad.

Tienen un estricto sistema de dar y recibir

Las relaciones sanas deben ser equilibradas. Hay que dar lo que se recibe. De lo contrario, una de las partes se siente infravalorada y agotada. Todo debe ir bien si la dinámica de la relación es equilibrada y ambas partes son conscientes de las circunstancias de la otra. Llevar la cuenta solo crea tensiones innecesarias en la relación y puede provocar resentimiento. Por desgracia, los culpabilizadores mantienen una lista de todo lo que han hecho por usted y siempre esperan cosas a cambio. Le recuerdan siempre lo que les debe.

Son pasivo-agresivos

Como no les gustan los conflictos ni las confrontaciones, los culpabilizadores siempre le hacen preguntarse qué está mal. Pueden parecer muy enfadados y molestos, pero mantienen un comportamiento pasivo-agresivo cuando tratan con usted. Responden con un «nada» cada vez que les pregunta qué pasa. Esto le hace pensar sobre todo lo que podría haber hecho y sentirse culpable por ello.

Utilizan el lenguaje corporal para comunicar su enfado

Los culpabilizadores hacen todo lo posible para que se sienta culpable. Incluso utilizan su lenguaje corporal para comunicarle sus emociones sin decir nada. Por ejemplo, suspiran en voz alta cada vez que pasan a su lado o dan un portazo para que sepa que están enfadados.

Le ignoran

Si intenta hacer las paces con ellos, es posible que ignoren sus esfuerzos solo para hacerle sentir más culpable. Si inicia una discusión para superar el desacuerdo, fingen no oírle y le ignoran.

Comentarios directos

Si todo lo anterior falla, son muy directos a la hora de hacerle sentir culpable. Algunos lo son desde el principio. Le hacen sentir culpable recordándole al azar todas las cosas buenas que han hecho por usted. Quizás estén manteniendo una conversación normal y, de repente, les oye decir: «¿Te acuerdas de aquella vez que te compré ese vestido tan caro que querías?».

¿Se siente culpable?

Es importante señalar que la culpabilización no siempre es intencionada. Esto significa que su pareja, amigo o familiar no es necesariamente una persona malintencionada que quiere aprovecharse de usted para su propio beneficio. Si lo piensa bien, es probable que alguna vez haya hecho sentir culpable a alguien accidentalmente.

Aunque normalmente es fácil darse cuenta de que le están culpabilizando, a veces este comportamiento puede ser muy sutil y difícil de detectar. Aquí tiene una lista para determinar si le están culpabilizando:

- Hacen comentarios sarcásticos sobre lo poco que ha trabajado en comparación con ellos.
- Están pendientes de todos sus errores anteriores y los sacan a relucir siempre que lo necesitan.
- Le recuerdan todo lo que han hecho por usted.
- Le recuerdan constantemente todos los favores que le hicieron.
- Se muestran molestos y enfadados, pero no admiten que hay un problema cuando les pregunta.
- Le ignoran y se quedan callados en vez de responderle cuando intenta arreglar las cosas con ellos.
- Siempre que necesitan algo de usted, le recuerdan que se lo debe.
- Suelen ser pasivo-agresivos cuando intenta enfrentarse a ellos.
- Hacen comentarios sarcásticos sobre su comportamiento, sus acciones o sus progresos.
- Le golpean donde más le duele y actúan como si fuera una broma.
- Utilizan el lenguaje corporal, las expresiones faciales, las palabras y el tono de voz para mostrarle que están enfadados.
- Le hacen cuestionar su moral y le hacen sentir culpable de sus decisiones.

Cómo afecta el sentimiento de culpa a las relaciones

La manipulación del sentimiento de culpa no solo afecta al bienestar mental y emocional, sino también a la salud de las relaciones. Esta forma de manipulación a menudo conduce a:

Resentimiento

Los culpabilizadores tienen tácticas para salirse con la suya. Aunque puede funcionar muy bien a corto plazo, si este comportamiento persiste durante mucho tiempo, afecta negativamente las relaciones del manipulador. Tratar con un manipulador hace que desarrolle resentimiento hacia él. Puede sentir que esa persona le hace sentir constantemente mal consigo mismo.

Se siente manipulado

Con el tiempo, empezará a sentir que le utilizan y manipulan intencionalmente. Puede que empiece a darse cuenta de que su pareja o amigo actúa constantemente como la víctima para aprovecharse de su culpa.

El sentimiento de culpa complica las cosas

Si se siente demasiado culpable en una relación, puede hacer exactamente lo contrario de lo que el manipulador busca. A nadie le gusta sentirse desmoralizado, por lo que las víctimas de este comportamiento intentan aumentar su autoestima, confianza y libertad haciendo las cosas a su manera, o al menos de cualquier manera diferente de la que quiere el manipulador.

Su bienestar se ve afectado

El sentimiento de culpa excesivo y persistente puede provocar una gran variedad de problemas de salud mental. El sentimiento de culpa se ha relacionado con la aparición o el empeoramiento de trastornos mentales como el trastorno obsesivo-compulsivo, la ansiedad grave y la depresión, por no hablar de los efectos negativos instantáneos del sentimiento de culpa como la tristeza, la tensión muscular, la preocupación, el insomnio y el arrepentimiento. Estar en una relación con una persona que le hace sentir culpable puede llevarlo a creer constantemente que se ha equivocado o que hará algo mal. Tener a un maltratador en su vida puede hacer que se sienta avergonzado de usted mismo, dañando gravemente su imagen y su autoestima. Puede que al final sienta la necesidad de aislarse y alejarse de su entorno.

El sentimiento de culpa puede ser muy difícil de soportar, sobre todo cuando empieza a afectar su salud mental. Afortunadamente, ahora que sabe cómo detectar las señales de que está siendo manipulado y cómo afecta este comportamiento a su bienestar mental, puede protegerse de forma más eficaz.

Capítulo 10: Cómo protegerse de la manipulación

Las emociones son el elemento más natural de la vida y sirven para todo tipo de propósitos en el viaje de cada persona. Hay un tipo de personas, los empáticos, que sienten mucho más profundamente que las personas normales. Siempre sienten profundamente sus emociones, sea cual sea la situación. Los manipuladores emocionales se aprovechan de la vulnerabilidad de estas personas para manipular sus pensamientos, acciones y creencias. En el mundo abundan todo tipo de manipuladores emocionales. Ya sea en escuelas, oficinas y entornos familiares, las personas tóxicas y los manipuladores pueden encontrarse en todas partes. Estas personas no solo tienden a influenciar los pensamientos, sino que, en última instancia, también arruinan el estado de ánimo y, con él, la salud mental y la cordura de las personas a las que atacan.

Empiece a anotar sus conversaciones para evitar que le manipulen
https://www.pexels.com/photo/white-notebook-and-pen-606539/

La paz mental es un lujo fundamental, sobre todo en la actualidad. Cuando los vampiros energéticos succionan la energía positiva de alguien, realizar las tareas más sencillas del día se vuelve insoportable, por no hablar de los acontecimientos, reuniones y encuentros importantes. Si ha leído hasta aquí, ya sabe cómo operan los manipuladores emocionales, sus técnicas persuasivas y la forma en que las utilizan para controlar su mente. Ahora, debe ser capaz de identificar mejor las señales que indican que está siendo manipulado. Además, debe aprender y practicar las formas de protección contra la manipulación emocional y el control mental. Esperamos que este capítulo final le ayude a hacerlo.

Señales de que está siendo manipulado

La manipulación emocional es algo mucho más común en la vida de lo que podría imaginarse. Es una táctica utilizada por personas que quieren ganar poder o control sobre otros y lo hacen a través de diferentes técnicas y comportamientos. La manipulación y el abuso emocional pueden hacer tanto daño como el abuso físico, y a menudo conducen a problemas de salud mental a largo plazo, como depresión, ansiedad, TEPT, etc. La manipulación y el abuso emocional suelen ocurrir cuando menos se lo espera. Incluso las personas cercanas pueden ser tóxicas y manipuladoras sin que usted llegue a sospecharlo. Por esto, es importante ser consciente cuando alguien intenta manipularle. He aquí algunos signos de advertencia de que está siendo manipulado emocionalmente:

Acoso intelectual

El acoso intelectual es una de las técnicas de manipulación más comunes que existen. Los manipuladores suelen utilizar sus amplios conocimientos sobre un tema determinado para intimidar y abrumar a los demás. Es una forma de control. Lo hacen para llevarle a un estado vulnerable en el que sea fácil de controlar. Normalmente, los narcisistas utilizan esta táctica para acorralarle e identificar sus debilidades y vulnerabilidades. Las personas que utilizan esta táctica de manipulación a veces incluso le preguntan sobre temas en los que son buenos. Todas estas tácticas pretenden que se sienta inferior e intimidado por el manipulador. Un acosador intelectual utiliza frases y miradas condescendientes para hacer que los demás se sientan mal consigo mismos. En realidad, se siente inseguro de sí mismo y tiende a proyectar sus inseguridades en los demás. Disfruta creyendo que es mejor que los demás y lo consigue mediante burlas crueles y un lenguaje arrogante.

Invalidación emocional

El elogio es un buen motivador, pero también lo es la invalidación. Una forma de hacer que alguien busque su atención y validación es menospreciarlo constantemente. Si a alguien se le dice repetidamente que sus sentimientos, pensamientos e ideas no valen nada, empezará a interiorizarlo y a creerlo. La invalidación puede producirse de muchas maneras, pero una de las más comunes es que el invalidador sustituye sus historias, sentimientos e ideas por los suyos propios. Puede que hable de su depresión y luego le diga que él están mucho más deprimido. Esto le hace sentir como si sus problemas no fueran importantes o válidos. Al principio, puede parecer un inocente grito de ayuda de quien le invalida. Sin embargo, cuando el patrón se repite una y otra vez, se dará cuenta de que no se trata de él, sino que le está controlando a usted.

Gaslighting

Como ha visto, el *gaslighting* es una forma muy común de manipulación emocional. Consiste en que el manipulador hace creer a la víctima que es mentalmente inestable o que está equivocada, aunque no sea así. Este grave tipo de manipulación emocional produce en las víctimas problemas de confianza, salud mental y baja autoestima. El *gaslighter* crea versiones alternativas de los hechos y tergiversa sus palabras y acciones, llevándole a menudo a cuestionar lo que ha hecho o dicho. Incluso puede llegar a sentir que se está volviendo loco.

Para el *gaslighter*, todo consiste en culpar a los demás y nunca a sí mismo. Es una forma de enfrentarse a sus propios comportamientos negativos. Esto hace que la víctima pierda la confianza en sí misma y se vuelva aún más vulnerable a la manipulación mental. Este tipo de comportamiento es muy confuso, pero en su corazón usted siente que algo está mal.

La carta de la víctima

Hacerse la víctima es un hábito común de los manipuladores para hacer que otras personas a su alrededor se sientan culpables. Tanto si se creen víctimas realmente como si no, tienen el hábito de hacerse las víctimas, sea cual sea la situación. A veces, sus argumentos desafían tanto a la lógica que sus intenciones manipuladoras resultan evidentes para los demás. Suelen utilizar la carta de la víctima para despertar la simpatía de los demás y confundirlos sobre la verdadera narrativa de una situación. Por ejemplo, si le dice a alguien que se ha olvidado de su cumpleaños, en lugar de disculparse, empieza a hacerse la víctima recordándole que usted tuvo un comportamiento ofensivo que en realidad no existió nunca.

Hacer sentir culpable

Los manipuladores quieren que sus víctimas se sientan mal, culpables y avergonzadas para asegurarse de que son lo suficientemente vulnerables y controlar sus emociones. Cuando saben que tienen la capacidad de hacerle sentir culpable, se convierte en una adicción para ellos. Logran un sentimiento de superioridad haciéndolo sentir culpable y responsabilizándolo por cada problema o dificultad. Por eso, a menudo le hacen sentir culpable para desencadenar sus inseguridades internas. Los manipuladores son vampiros energéticos que se alimentan de la energía de las personas compasivas y amables. Quieren que sus víctimas sientan emociones negativas y esta forma de control les aporta beneficios.

Las personas empáticas y amables suelen ser las más fáciles de manipular, ya que ven todo lo bueno en el mundo y en las personas. Incluso cuando están siendo manipuladas, puede que al principio no lo vean y se esfuercen por ayudar a la persona que abusa de ellas. Puede ser difícil liberarse de esto, ya que las personas empáticas prosperan con el reconocimiento de otros. Si se les inculpa constantemente, son más serviciales.

Mentir

Todos mentimos, pero algo va claramente mal cuando es un hábito o un patrón. Los manipuladores dicen mentiras piadosas sistemáticamente. Mentir es una buena manera de no enfrentarse a los sentimientos o a las consecuencias, y una vez que alguien empieza a mentir, resulta más fácil continuar con la mentira y añadir más. Pero en algún momento la verdad se sabe y las personas no solo se sienten traicionadas, sino que pierden la confianza en una relación. La confianza es la piedra angular de cualquier relación, ya sea romántica o de otro tipo. Sin confianza y equilibrio, las relaciones están abocadas al fracaso.

Ultimátums

Los ultimátums son una de las peores formas de manipulación que puede utilizar una persona. El manipulador primero encuentra los puntos débiles y vulnerables y luego obliga a dar respuestas relacionadas con ellos. Dar ultimátums también saca a relucir el lado controlador del manipulador. Por ejemplo, si su pareja dice que romperá con usted si sale con sus amigos. Además, este comportamiento saca a relucir las inseguridades más arraigadas de una persona. Por lo tanto, tenga en cuenta que quien le da ultimátums no tiene en cuenta sus intereses.

Trato silencioso

El comportamiento pasivo-agresivo es una táctica común entre los manipuladores; a menudo lo emplean cuando quieren tener el control de una situación. Los silencios de desaprobación son el núcleo del comportamiento pasivo-agresivo. Este tipo de manipulación suele observarse después de una discusión o desacuerdo. Cuando los manipuladores no consiguen ganar una discusión o demostrar que tienen razón, utilizan esta táctica para recuperar el control perdido. De este modo, acaparan toda la atención y hacen que la otra persona se sienta culpable. Al final, pretenden que la víctima se sienta tan culpable por la discusión que decida disculparse para terminar la pelea. Las víctimas de este tipo de manipulación suelen olvidarse por completo de la cuestión inicial y de la discusión, se disculpan y aceptan la derrota.

Protéjase de la manipulación

Lamentablemente, se encontrará con personas que intentarán engañarle y manipularle. Estas personas suelen estar inseguras de sus propios defectos y debilidades y no quieren que nadie más tenga éxito en la vida. También puede encontrarse con narcisistas de primer grado que se creen ganadores y no se detienen ante nada, aunque eso signifique manipular y mentir para abrirse camino en la vida. En cualquiera de esos casos, saber cómo protegerse de estos individuos tóxicos es esencial para garantizar que mantenga una buena salud mental. Esto es lo que puede hacer para evitar ser presa de la manipulación:

No muerda el anzuelo

A los manipuladores emocionales les encanta buscar reacciones de sus víctimas. Se dirigen especialmente a personas a las que creen que pueden provocar sensaciones negativas y alimentarse de sus energías. Por lo tanto, la mejor manera de enfrentarse a un manipulador emocional es no caer en sus tácticas; *simplemente ignórelo*. Tanto si se enfrenta a este tipo de personas en su lugar de trabajo como en su familia, lo mejor es evitarlas o sorprenderlas diciéndoles algo amable. En lugar de darles lo que quieren, dígales algo totalmente agradable y déjelos boquiabiertos. Aunque hay muchos otros métodos para lidiar con los manipuladores, esta es una de las mejores formas de manejarlos y, al mismo tiempo, mantener su salud mental a salvo.

Anote sus conversaciones

Aunque este consejo puede parecer un poco exagerado, descubrirá que le ayuda a sentirse mejor. Los manipuladores emocionales tienden a tergiversar sus palabras, haciéndole sentir mal. Ya sea haciéndose la víctima, culpándole o practicando el *gaslighting*, sus tácticas manipuladoras le hacen dudar de usted mismo. Para asegurar que esto no ocurra, anote sus conversaciones y cualquier detalle de las situaciones que recuerde. Mejor aún, puede grabar discretamente sus conversaciones y escucharlas más tarde para darse cuenta de cómo el manipulador tergiversa la situación para ponerla a su favor. Así, tendrá pruebas de todo lo que dice y hace en caso de que niegue haberlo dicho o hecho. De este modo, es inteligente mientras se protege de sus manipulaciones, y seguro que pronto le dejará en paz.

Evítelo todo lo que pueda

Lo mejor que puede hacer ante una persona manipuladora es evitarla. Esto no solo elimina todas las posibilidades de ser manipulado por él, sino que también le ahorra una gran cantidad de energía mental al evitarlo en lugar de lidiar con él. Al principio puede ser difícil evitar a un manipulador tóxico, hasta que lo conozca mejor, pero a menudo puede tener un presentimiento o una intuición sobre alguien que le indique mantenerse alejado de esa persona y estar atento. Esto puede ser difícil si tiene que compartir un espacio con él, y puede que tengan que estar cerca mucho tiempo y deba limitar la interacción tanto como sea posible.

Reclame

Los manipuladores tóxicos están acostumbrados a mandar e intimidar a los demás y no reaccionan bien cuando no lo logran. Si usted les llama la atención sobre su comportamiento tóxico, es muy probable que exploten o se sorprendan. Hábleles de su comportamiento grosero y de cómo le ha afectado o perjudicado. Aunque nieguen sus acusaciones, tendrá la tranquilidad de saber que enfrentó a su maltratador y no dejó que siguiera manipulándole. Además, nunca se sabe cuándo sus palabras pueden tocar una fibra sensible que realmente les haga cambiar de comportamiento con usted e incluso con otras personas a las que manipulan.

Evite el apego emocional

Una vez que se ha apegado emocionalmente a alguien, liberarse de su compañía se convierte en todo un reto, sobre todo si es una persona tóxica y manipuladora. Las personas manipuladoras utilizan tácticas para asegurarse de mantenerle enganchado a ellas o de que de alguna manera sienta una obligación hacia ellas. Así se aseguran de que no les evite o corte con ellos por completo. Por lo tanto, la mejor forma de protegerse de la manipulación es evitar, o al menos minimizar, su vínculo emocional con estas personas.

Es más fácil decirlo que hacerlo, sobre todo si el manipulador aún no ha mostrado su verdadera cara o si está al principio de la relación. Sin embargo, debe estar atento a cualquier señal de alarma o de manipulación y romper con él al menor indicio de comportamiento malintencionado. No se quede esperando a que cambie, porque es poco probable que eso ocurra. Incluso si tiene que hablar con él, hágalo lo mínimo posible para asegurarse de que no pueda confundirle más de lo que ya ha hecho.

Evite el drama

A los manipuladores emocionales les encanta el drama. Aunque le resulte difícil hacerlo, asegúrese de evitar el drama en la medida de lo posible. Cuando intenten provocarle, simplemente deles la razón y les dejará sin palabras, aunque luego se enfaden por no haber podido con usted. Cuando empiece una discusión, simplemente déjeles ganar; pronto se aburrirán de intentar meterse en su mente. Aunque esto es especialmente difícil, debería estar tranquilo al saber que solo están proyectando sus inseguridades y que recibirán su ración de karma.

Diga no

Un manipulador emocional conoce trucos para conseguir que los demás hagan su voluntad, aunque implique inconvenientes para ellos. Después de todo, puede controlar fácilmente la mente de las personas con unas pocas tácticas. Para evitarlo, aprenda a decir que no, especialmente a las personas tóxicas. Los manipuladores a menudo buscan ayuda en una emergencia o algo que usted simplemente no puede rechazar. De hecho, pueden crear un escenario en el que tenga que comprometerse de inmediato. Le acorralan y exigen que les dé una respuesta directa. Es entonces cuando tiene que defenderse y aprender a decirles que no. No hace falta ser grosero ni decir directamente que no. Puede usar frases como «Lo pensaré» o «Te llamaré». Con frases como estas, se asegura de no prometer algo que no quiere hacer y de tener tiempo para pensar su decisión.

Hable positivamente con usted mismo

Es fácil para un manipulador hacerle dudar de usted mismo y hacerle sentir culpable por sus acciones. Cuando trate con maestros de la manipulación, debe aprender a ser compasivo con usted mismo. Para ello, hable positivamente con usted mismo para superar una conversación o situación difícil con el manipulador. Mantenga un diálogo interno en el que se recuerde a usted mismo que tiene tantos derechos como su manipulador y que no puede arruinarle el día con su comportamiento tóxico y sus inseguridades. Un manipulador emocional se sentirá grande y poderoso si consigue arruinar su estado de ánimo. Por eso debe repetir afirmaciones positivas para sentirse mejor. De este modo, aprenderá a no dejarse afectar por la tortura mental, y con el tiempo él se aburrirá de atormentarle.

Tenga una red de apoyo

Una de las mejores formas de enfrentarse a un manipulador emocional es rodearse de un grupo de personas positivas, que le levanten el ánimo y le apoyen. Tener una red de apoyo tiene un gran impacto en su vida y en su estado de ánimo en general. Las personas tóxicas intentan aislarle de los demás y que centre toda su atención en ellas mismas. Intentan que se vuelva dependiente de ellas, haciendo a su vez que se sienta obligado a pasar tiempo con ellas.

Tener un sistema de apoyo emocional hace que no tenga que pasar por nada de eso. Tanto si tiene un grupo de amigos en el trabajo, un único mejor amigo o familiares cercanos en los que pueda confiar, contar con el apoyo de otras personas es de gran ayuda a la hora de enfrentarse a la manipulación. De este modo, tendrá a alguien a quien consultar cada vez que el manipulador intente hacerle sentir culpable, avergonzado o apenado por algo. Le harán ver que no está equivocado por sus acciones y que en realidad está siendo manipulado.

La manipulación emocional ocurre en todas partes, en las oficinas, las escuelas, los colegios e incluso dentro de nuestras casas. La manipulación puede provenir de extraños o de las personas más cercanas. Por lo general, quienes tienen un corazón bondadoso por naturaleza y están en contacto con sus emociones son más propensos a caer presa de los maestros manipuladores y los vampiros energéticos. A veces, la manipulación puede ser incluso involuntaria. De hecho, es posible que usted haya manipulado a alguien sin saberlo. Por eso es importante comprender cómo funciona este proceso y qué puede hacer para evitar que le afecte este tipo de comportamiento.

La manipulación emocional intencionada suele hacerse para hundir a alguien o para controlarlo. Los manipuladores emocionales son sanguijuelas que drenan la energía de las personas y, con ello, su confianza en sí mismas. Estos individuos dejan que sus propias inseguridades les impidan ser mejores personas y, en su lugar, se convierten en seres humanos aún peores. Por lo tanto, debe protegerse de los ataques de los vampiros emocionales y los manipuladores, porque ellos nunca tienen en cuenta sus intereses. Además, los manipuladores emocionales a menudo se pueden identificar, al igual que los narcisistas, por lo que es fácil protegerse de su comportamiento destructivo y malicioso.

Conclusión

A nadie le gusta ser manipulado, aunque sea por su propio bien. Imagine que hay algo que quiere hacer o un producto que quiere comprar. Justo cuando estaba a punto de hacerlo realidad, alguien intenta manipularle para que no lo haga. Lo más probable es que no esté dispuesto a ceder si percibe sus esfuerzos manipuladores. Por eso los buenos vendedores deben ser excelentes manipuladores.

La manipulación tiene una connotación negativa. Para nosotros, la idea de ser manipulados es bastante aterradora. Después de todo, ¿quién quiere que le induzcan o le obliguen a hacer algo que no desea? Nadie se siente a gusto sabiendo que sus pensamientos, sentimientos, emociones e inseguridades son explotadas en beneficio de otra persona. Se dé cuenta o no, la manipulación está en todas partes. La gente es víctima del engaño en todos los aspectos de su vida. Como ya sabe, las empresas convencen a las personas para que compren artículos o servicios que no necesitan, las marcas utilizan las redes sociales para sacar provecho de sus inseguridades, los partidos políticos resaltan sus debilidades para ser elegidos y los directivos recurren a los miedos o a incentivos para aumentar la productividad.

Aunque suene contraintuitivo, existen formas positivas de manipulación. Sin duda, ser engañado es algo que no le gusta a nadie. Sin embargo, le sorprendería saber que las campañas de mercadeo social consiguen que la gente deje de fumar, siga una dieta sana y equilibrada, se someta a revisiones periódicas o incluso reduzca su huella de carbono. En resumen, contribuyen cada día a mejorar la sociedad utilizando la manipulación positiva.

La manipulación no es tan mala si la definimos como el acto de manejar una situación o influir hábilmente en una persona para inducir un resultado deseado. En ese caso, la manipulación no es intrínsecamente mala. La forma en que se utiliza, sobre todo si es más coercitiva o persuasiva, determina si es manipulación positiva o negativa. Cualquiera que ocupe una posición de poder, ya sea directivo, político, profesor o publicista, debe conocer la diferencia entre ambas.

En pocas palabras, ser persuasivo es el acto de hacer que alguien haga algo que generalmente estaría dispuesto a hacer. Se puede considerar una forma de estímulo o un «impulso» hacia adelante. La coacción, por otro lado, es el acto de conseguir que alguien haga algo que de otro modo no querría hacer. Es una estrategia violenta que incluso puede incluir amenazas o chantaje. La intención que subyace al plan de manipulación, lo sincero o transparente que sea en su ejecución y cómo repercute su acción en la persona a la que va dirigida puede ayudarle a determinar si una manipulación es positiva o negativa.

Tanto si es el manipulador como la víctima de estas tácticas, debe tomar conciencia de estas estrategias malintencionadas. Si ha leído este libro, probablemente tenga una buena idea de cómo aplicar la psicología oscura. También sabe cómo detectar a las personas tóxicas y cómo protegerse de la manipulación y sus efectos adversos.

Por último, un consejo: Utilice la manipulación con prudencia y moderación, porque puede resultar contraproducente y causar daños irreversibles en sus relaciones.

Referencias

¿Somos buenos o malos por naturaleza? (s.f.).
https://www.bbc.com/future/article/20130114-are-we-naturally-good-or-bad

Box-Steffensmeier, J. M., Burgess, J., Corbetta, M., Crawford, K., Duflo, E., Fogarty, L., Gopnik, A., Hanafi, S., Herrero, M., Hong, Y.-Y., Kameyama, Y., Lee, T. M. C., Leung, G. M., Nagin, D. S., Nobre, A. C., Nordentoft, M., Okbay, A., Perfors, A., Rival, L. M., ... Wagner, C. (2022). El futuro de la investigación sobre el comportamiento humano. Nature Human Behaviour, 6(1), 15-24. https://doi.org/10.1038/s41562-021-01275-6

Tríada Oscura. (sin fecha). Psychology Today.
https://www.psychologytoday.com/gb/basics/dark-triad

Hoffman, R. (2020, 17 de mayo). Alfred Adler - Psicología individual.
Simplypsychology.org. https://www.simplypsychology.org/alfred-adler.html

Michael Nuccitelli, P. D. (2011). Psicología oscura.
https://www.academia.edu/1169443/Dark_Psychology

OCNKI. (2022). Tácticas de manipulación y comportamiento del consumidor: La creación del deseo de compra. Open Science Framework.
https://doi.org/10.17605/OSF.IO/BKHXM

Stritof, S. (2010, 13 de octubre). Cómo reconocer y reaccionar ante la manipulación en su relación. Verywell Mind.
https://www.verywellmind.com/manipulation-in-marriage-2302245

Universidad de Copenhague. (2018, 26 de septiembre). Psicólogos definen el «núcleo oscuro de la personalidad». Science Daily.
https://www.sciencedaily.com/releases/2018/09/180926110841.htm

Wilhelm, T., y Andress, J. (2011). Debilidades psicológicas. En Ninja Hacking (pp. 151-165). Elsevier.

Manipuladores en el trabajo: detéctelos y deténgalos. (s.f.). Listening Partnership | Oxford https://www.listeningpartnership.com/insight/master-manipulator/

Cherry, K. (2011, 20 de junio). Cómo funciona el indicador de tipo Myers-Briggs. Verywell Mind. https://www.verywellmind.com/the-myers-briggs-type-indicator-2795583

Duczeminski, M. (2015, 25 de agosto). Diez hábitos de las personas manipuladoras. Lifehack. https://www.lifehack.org/294861/10-habits-manipulative-people

MBTI: Manipuladores emocionales. (2014, 20 de mayo). Zombies ruin everything. https://zombiesruineverything.com/2014/05/20/mbti-emotional-manipulators/

Entender la tríada oscura. (s.f.). Mindtools.com. https://www.mindtools.com/pages/article/understanding-dark-triad.htm

¿Qué tipo MBTI es más manipulador? ¿Qué tipo MBTI se deja manipular? (2013, 15 de noviembre). Qué tipo MBTI. https://whichmbtitype.wordpress.com/2013/11/15/which-mbti-type-is-most-manipulative-which-mbti-type-gets-manipulated/

Mrkonjić, E. (2022, 28 de abril). ¿Qué es la psicología oscura? Componentes clave de entender en 2022. SeedScientific. https://seedscientific.com/what-is-dark-psychology/

Tres tácticas comunes de los padres manipuladores. (s.f.). Psychology Today. 2022, de https://www.psychologytoday.com/us/blog/behavior-problems-behavior-solutions/201912/3-common-tactics-manipulative-parents

Tres razones por las que la gente se vuelve manipuladora. (s.f.). Psychology Today. https://www.psychologytoday.com/us/blog/communication-success/201912/3-reasons-people-become-manipulative

¿Se puede utilizar la manipulación de forma positiva? (s.f.). Go1.com. https://www.go1.com/blog/post-can-use-manipulation-good

Manipulación familiar: Señales, tácticas y cómo responder. (2020, 21 de julio). Healthline. https://www.healthline.com/health/mental-health/family-manipulation

Geralyn Dexter, L. (2022, 24 de febrero). Cómo detectar el comportamiento manipulador. Verywell Health. https://www.verywellhealth.com/manipulative-behavior-5214329

Gilbert, A. (2022, 8 de junio). ¿Saben los manipuladores cuándo están manipulando? Soberish. https://www.soberish.co/do-manipulators-know-when-they-are-manipulating/

Glosson, M. (2018, 6 de abril). Por qué mi miedo al abandono me hace parecer «manipuladora». The Mighty. https://themighty.com/topic/borderline-personality-disorder/fear-of-abandonment-bpd-borderline-personality-manipulative

Green, A. (2019, 5 de junio). Narcisismo y las diversas formas en que puede conducir a relaciones domésticamente abusivas. The Conversation. http://theconversation.com/narcissism-and-the-various-ways-it-can-lead-to-domestically-abusive-relationships-116909

Cómo le manipulan los vendedores sin que lo sepa. (2013, 3 de junio). Psychology Today. https://www.psychologytoday.com/us/blog/unconscious-branding/201306/how-marketers-manipulate-you-without-your-knowing

Cómo los medios de comunicación manipulan su mente. (s.f.). Portvitoria.com. https://portvitoria.com/how-social-media-try-to-manipulate-your-mind/

Kvarnstrom, E. (2018, 8 de febrero). Cómo el trauma del abuso infantil afecta las relaciones interpersonales, y cómo sanar. Bridge store covery. https://www.bridgestorecovery.com/blog/trauma-childhood-abuse-affects-interpersonal-relationships-begin-healing/

Lidow, D. (2019, 17 de noviembre). Comprender cómo un buen liderazgo requiere una gran manipulación. Forbes. https://www.forbes.com/sites/dereklidow/2019/11/17/understanding-how-good-leadership-requires-great-manipulation/?sh=196e7b942fc7

Manipulación. (2013, 16 de abril). Blog de Terapia Goodtherapy.org. https://www.goodtherapy.org/blog/psychpedia/manipulation

Martin, E. (2017, 30 de marzo). Once trabajos bien pagados para personas que ganan todas las discusiones. CNBC. https://www.cnbc.com/2017/03/30/11-high-paying-jobs-for-people-who-win-every-argument.html

Oldford, S. (2018, 29 de octubre). La manipulación en el mercadeo: Cómo se usa y cómo usarla éticamente. Entrepreneur. https://www.entrepreneur.com/article/321611

Rigano, L. (2018, 24 de noviembre). Doce señales de narcisismo. Fulham Consulting. https://www.fulhamconsulting.com.au/mental-notes/narcissism/personality/relationships

Scott, E. (2017, 8 de noviembre). Por qué la mala comunicación causa estrés. Verywell Mind. https://www.verywellmind.com/the-stress-of-poor-communication-with-others-4154175

Sinha, R. (2022, 26 de enero). ¿Está siendo influenciado o manipulado? Harvard Business Review. https://hbr.org/2022/01/are-you-being-influenced-or-manipulated

Social-Engineer. (2022, 20 de abril). Influencia frente a manipulación: ¿Cuál es la diferencia? Security Boulevard. https://securityboulevard.com/2022/04/influence-vs-manipulation-what-is-the-difference/

Storm, S. (2021, 19 de marzo). Por qué los intuitivos y los hipersensoriales se vuelven locos mutuamente. Psychology Junkie. https://www.psychologyjunkie.com/2021/03/19/why-sensors-and-intuitives-drive-each-other-crazy/

Stritof, S. (2010, 13 de octubre). Cómo reconocer y reaccionar ante la manipulación en su relación. Verywell Mind. https://www.verywellmind.com/manipulation-in-marriage-2302245

www.ingramcontent.com/pod-product-compliance
Lightning Source LLC
Chambersburg PA
CBHW070818260726
48660CB00005B/1887